Andalusien

Land der drei Kulturen

Uwe Geilert

Andalusien

Land der drei Kulturen

Die Deutsche Bibliothek verzeichnet diese Publikation in der Deutschen Nationalbibliografie; detaillierte bibliografische Daten sind im Internet über ‹http://dnb.ddb.de› abrufbar.

Herstellung und Verlag:
Books on Demand GmbH, Norderstedt

ISBN 9783837014365

Fotos und Einband: Uwe Geilert

Andalusien

Inhalt

Mein herzlicher Dank gilt Ute für
geduldige Begleitung, kritische Unterstützung
und Hilfe bei der Gestaltung.

Vorwort

Andalusien – Land weißer Strände, Treffpunkt der Schönen und Reichen, Garant ewiger Sonne, Heimat rassiger Pferde, Quelle des Sherrys, Freund des Stierkampfes, Ursprung des Flamencos, Brennpunkt des Sonnentourismus?

Andalusien – Land aristokratischen Stolzes, Zentrum der Männlichkeit, Provinz bedächtigen Landvolkes, Hort katholischer Frömmelei, Domäne des Großgrundbesitzes, Nettoempfänger der EU, Region ohne Industrie, Hochburg der Integrationsresistenz?

Andalusien – Kulturschwergewicht, Krippe der Neuzeit, verlorenes Paradies der Muslime, westlichstes Tor zum Orient, Land der drei Kulturen, Retter der antiken Philosophien, Hüter der Wissenschaften?

Einige dieser Klischees mögen in etwa zutreffen, andere sind ziemlich falsch oder ungerecht. In der Summe jedoch deuten sie etwas an über die Vielfalt und die Widersprüche dieses südlichsten Teil Spaniens, und über seine reiche und bewegte Geschichte, wofür seine exponierte Lage ursächlich mitverantwortlich ist. Ganze fünfzehn Kilometer Wasser der Enge von Gibraltar trennen Europa von Afrika.

Die tüchtigen Nautiker des Mittelmeers trugen intensiv dazu bei, die iberische Halbinsel sehr früh zu einem Treffpunkt der Kulturen zu machen. Phönizier, Römer, Karthager, Araber und Mauren zwangen dem, was von Iberern und Kelten geschaffen worden war, ihren Einfluss auf. Der Zufluss von Kultur, Kunst, Wissen und Lebensart von Süden nach Norden währte viele Jahrhunderte ist bedeutend größer als in umgekehrter Richtung.

Dass die letzte Fremdkultur jeweils den stärksten Eindruck hinterlässt, ist eine Binse. Was in Germanien die römische, war in Iberien die arabische. Die lange Anwesenheit der Araber und Mauren auf der iberischen Halbinsel strahlt über ihre Grenzen hinaus auf die kulturelle Entwicklung Europas aus. Sie dauert fast achthundert Jahre, nämlich von 711 bis 1492 heutiger Zeitrechnung. In nur drei Jahren besetzen die Araber mit Unterstützung berberischer Reiter über vier Fünftel der Halbinsel bis auf einen kleinen Teil im Nordwesten, das Königreich *Aragón*. Um das Jahr 1100 beherrschen die Mauren noch die Hälfte, ab 1237 nur noch etwa zehn Prozent der iberischen Fläche, einen Teil der heutigen autonomen Region Andalucía.

Die *Nasriden* gründen nach der Vertreibung der Almohaden im Jahr 1237 ihr Sultanat mit der Hauptstadt *Ilbira*, dem heutigen Granada. (Die alte Bezeichnung stammt von den Phöniziern und lebt heute im Namen der Sierra Elvira weiter.) Während der nun folgenden 250 Jahre erlebt dieses kleine Königreich eine kulturelle Blüte, die nur auf Toleranz und gegenseitigem Respekt unter den Eliten arabischer, jüdischer und christlicher Herkunft aufgebaut haben kann. Geben wir ihm einen vorläufigen Arbeitstitel. Wie wäre es mit »Modell Ahambra«.

Die Region kommt über lange Phasen zu großer geistiger und wirtschaftlicher Blüte, sie bringt bedeutende Männer hervor und gilt nach heutigem Sprachgebrauch als *Global Player* und als eine *Winner Nation*. Córdoba misst sich für kurze Zeit mit den großen Metropolen im vorderen Orient! Kaum sind jedoch die maurischen Dynastien an ihrem Zenit angelangt, werden sie durch Intrigen, innere Auseinandersetzungen und Machtkämpfe politisch und militärisch entkräftet. Hierin liegt die ganze Tragik der maurischen Herrschaft. Im Jahr 1492 wird sie beinahe folgerichtig durch die zielstrebigen katholischen Majestäten und ihre Armee gewaltsam beendet.

Nebenbei bemerkt liegt der Ursprung des Eigennamens Andalusien im Dunkel. Das arabische Wort *al-Andalus* bezeichnet das jeweils unter muslimischer Herrschaft stehende Gebiet auf der iberischen Halbinsel, das während des Verlaufs der Geschichte sowohl größer als auch kleiner sein konnte als die heutige Fläche der autonomen Region *Andalucía*.

Wir wollen uns ansehen, welches Erbe von den Mauren blieb.

Anflug

Das erste, das einem beim Blick aus dem Flugzeug auffällt: Andalusien ist sehr trocken. Die dominierenden Farben der Böden sind grau, braun und gelb bis ocker, je nach Kalkgehalt bisweilen weiß. Viel grün können wir nicht entdecken. Sicher sind jetzt, Anfang September, die Felder abgeerntet. Als der Flieger an Höhe verliert, schiebt sich das Moiré der Olivenplantagen ins Bullauge. Also doch etwas grün! Die dunklen Bäume stehen sauber ausgerichtet in exakt gleichem Abstand zueinander, damit sie sich das wenige Wasser nicht noch gegenseitig wegnehmen. Dieses Punktraster erstreckt sich über viele Kilometer und folgt dem Auf und Ab der milden Hügellandschaft.

Eine Autobahn durchschneidet diese Monotonie in sanften, geschwungenen Linen. In den flachen Mulden der Landschaften glänzen ab und zu Wasserflächen von Staudämmen. Wasser ist ein begehrtes Gut. Wir erfahren vom Streit der regenreichen Provinzen im Nordwesten mit den regenarmen an der Mittelmeerküste. Die spanischen Nordlichter schimpfen, dass ihr kostbares Nass über viele Kilometer zum Bewässern der Golfplätze der Reichen und der Touristen in den Süden gepumpt wird. Daher gibt es seit 2001 einen Spanischen Nationalen Hydrologischen Plan, der die Wasserverteilung regelt. Er sieht den Bau von etwa einhundertzwanzig (!) neuen Staudämmen vor. Als die Regierung erkennt, dass auch Stauseen nachteilig sein können, beschließt sie 2004, die umweltbewusste Nutzung der Ressource, Sparmaßnahmen, die Aufbereitung von Abwasser und die Entsalzung von Meerwasser zu fördern.

Auf den brauen Bergkämmen reihen sich Hunderte von Windkraftanlagen. Von Stahlmast zu Stahlmast führen gelbweiße Schotterstraßen für das Servicepersonal wie die Schnur einer Kette. Jetzt im Anflug kommen uns die Blätter der Rotoren sehr nahe, und der Flieger wackelt gegen den bockigen, auflandigen Seewind der Landebahn zu.

Málagas Flughafen empfängt mit marmornem Flair. Er platzt aus allen Nähten. Mediterrane Gelassenheit ist nachdrücklich empfohlen, sowohl am Gepäckband wie auch in der Warteschlange an der Autovermietung. Obwohl der Wagen vorbestellt und im Voraus bezahlt ist, vergehen neunzig Minuten bis zur Übergabe des begehrten Schlüssels. Nach dem üblichen Geschlängel vom Parkhaus über Kurven und Umleitungen zur *autopista* folgen die fünfzig oder so Kilometer zur Club-Anlage.

Wie schön wäre jetzt die Verwirklichung des alten Klischees von einer Küstenstraße, die – hoch oben wagemutig in den felsigen Steilhang gemeißelt – fesselnde Ausblicke auf das dunkelblaue, weite Mittelmeer böte, gelegentlich unterbrochen durch den Schatten einer Zypresse, der durch das klimatisierte Auto huscht. Die lichten Schirme der Pinien würden zum Lagern und Träumen einladen, hier und dort würden die Ziegeldächer verstreuter Villen aus dem Grün ihrer parkähnlichen Gärten zu uns herauf leuchten, oder die bleichen Marmorsäulen einer antiken Tempelruine, deren Kanneluren das Sonnenlicht trinken, würden mit dem Blauschwarz des Meeres kontrastieren.

Die Wirklichkeit ist anders. Landschaft? Wo? Die *Costa del Sol* ist Stein gewordene Baulust, das Ergebnis zu Beton gewordener englischer Pfunde, deutscher Mark niederländischer Gulden, erspart von uns Nordlichtern, die wir uns nach derselben Sonne sehnen, welche sich aber daheim schäbig und störrisch viel zu oft hinter Wolken verkriecht und uns in kränklicher Blässe vegetieren lässt. Lins und rechts Hotels und Appartementburgen.

In der Wohnanlage stellen wir mit Genugtuung fest, dass genug Wasser angekommen ist, um das *Kikuyu* um den Pool herum grün zu halten, dieses teppichartig federnde, afrikanische Gras, das man pflanzt und nicht sät. Die tropische Flora zwischen den Wohnhäusern wird automatisch berieselt und wirkt ewig jung, fruchtbar, vital, gesund und üppig – tropisch eben. Wieder so ein Klischee!

Das Jahr 710

Was hat *Tarîf ibn Mâlik* in Europa zu suchen? Eigentlich gar nichts. Hatte nicht Kalif *Al-Walid I.*, sechster Kalif der *Umayyaden*, in Damaskus gewünscht, mit der Unterwerfung des Maghreb sei es genug, und die Grenzen des Islam *nicht* über das Meer hinaus auszudehnen? Und damit meinte er das Mittelmeer, in unserem Falle die Meerenge bei Tanger. Doch der vom Kalifen im Jahr 703 für die Verwaltung der Provinz *Ifriqiya* (Afrika) eingesetzte Wesir *Musa ibn Nusayra al-Bakri* ist ehrgeizig. Bis zum Jahr 709 bringt er den Maghreb zügig unter seiner Kontrolle. Doch sein Ehrgeiz ist nicht gestillt. Vielleicht will er sich direkt bei Allah vorsorglich einen guten Namen machen, um dereinst ins Paradies berufen zu werden mit all seinen Vorzügen und Privilegien, von denen man so gehört hat. Vielleicht ist er auch nur habgierig.

Musa möchte zu gern wissen, was sich auf der anderen Seite des Meeres tut, was dort zu holen ist, und ob man die Ungläubigen dort drüben nicht auch bekehren kann. Da er aber wegen seiner vielen Pflichten nicht selber reisen kann, schickt er Tarîf ibn Mâlik mit ein paar hundert Mann zur Erkundung hinüber. Beim heutigen Städtchen Tarifa schlagen sie ihr befestigtes Lager auf und machen einige *ghazwiya*, überraschende Beutezüge, ein Begriff, aus dem sich unsere Razzia ableitet. Eine andere, von *Musa* geplante *ghazwa* wird per Schiff gegen die Balearen vorgetragen. Die Ergebnisse ermutigen ihn. Er will mehr.

Der Gouverneur der kleinen Stadt *Tandja* (heute Tanger) heißt *Tariq ibn Ziyad*. Er befehligt gleichzeitig eine kleine Truppe von Soldaten, vermutlich die örtliche Miliz oder Polizei. Er ist Berber und trat kürzlich diesem neuen Glauben bei, den die arabischen Reiter aus dem Osten ganz frisch mitgebracht hatten. Zu dieser Zeit ist der Islam, um den es sich handelt, mal gerade neunzig Jahre alt. Vom Christentum hatte Tariq auch schon gehört, der Religion der Westgoten auf der anderen Seite der Meerenge. Die hatten die Kolonie von den Römern übernommen und das Land an ihre Leute verlost. Aus der gotischen, also germanischen Bezeichnung »Land

12

per Los« machen die Araber angeblich al-Andalus. Ob das so stimmt, kann bezweifelt werden. Die Religion der Goten findet Tariq ein wenig schräg. Er hatte erzählen gehört, dass die Römer vor ungefähr 600 Jahren in Jerusalem einen aufrührerischen Rabbiner ans Kreuz genagelt und jämmerlich hatten verrecken lassen. Sicher war er ein Märtyrer, schon, ja. Er soll angeblich auch seherische Fähigkeiten gehabt haben, danach könnte man ihn unter Umständen als Prophet bezeichnen, aber für eine ganze Religion schien das Tariq ein wenig dünn.

Seinen Chef Musa ibn Nusayr bewundert Tariq, obwohl der Araber ist und das manchmal ganz heraushängen lässt. Aber Musa war früher Beamter in Basra im südlichen Irak gewesen und hat Einfluss bis zum Kalifen, und er besitzt Macht. Trotz seiner äußerst dünnen Personaldecke hat er den gesamten Maghreb unterworfen. Das beeindruckt die Berber, sie treten bereitwillig und in großer Zahl dem neuen Glauben bei, so beginnt Musa ibn Nusayr, seine Streitkraft durch vertrauenswürdige Berber zu verstärken.

Auf der iberischen Halbinsel herrschen die Westgoten. Ihr neuer, junger König Roderich ist durch die ghazwiya beunruhigt, schreitet aber nicht sofort gegen sie ein. Denn er hat andere Sorgen. Roderich hat das Erbe des verstorbenen Königs *Witizas* angetreten und beginnt, sich in die Regierungsgeschäfte einzuarbeiten, als wieder einmal die Basken aufsässig werden und sich Gefechte mit den Grenztruppen liefern. Roderich nutzt die Gelegenheit, sich zu profilieren, denn er hat Neider, die den Thron selbst gern bestiegen hätten. Also zieht er mit einer Streitmacht von seiner Hauptstadt Toledo nach Nordwesten.

Der kleine Streifzug erregt Musa ibn Nusayrs Lust auf mehr. Er beauftragt seinen Statthalter Tariq ibn Ziyad, mit 7000 Mann als eine Art Vorauskommando von Ceuta aus über die Enge zu setzen, an jenem auffälligen Kalkfelsen einen Brückenkopf zu bilden und in jedem Falle zu verteidigen. Das wird am 18. April 711 erledigt, und fortan heißt der Felsen *djebel al-Tarik*, Fels des Tarik, Gibraltar. Kurz danach wird seine Truppe um weitere 5000 Männer verstärkt.

Roderich erfährt dies während der Rückkehr von den Basken und plant, mit seiner gesamten Streitmacht umgehend nach Süden zu ziehen. Dies braucht aber Zeit, so eilt er mit einer schnellen Eingreiftruppe voraus und lässt den Tross nachkommen. Im Hochsommer trifft er auf die arabisch-berberische Streitmacht. Am 18. Juli 711 unterliegt Roderichs Truppe in der Schlacht am *Río Guadalete* nahe dem heutigen Arcos de la Frontera. Roderich kommt in einem der Scharmützel ums Leben, die westgotische Verteidigung bricht in sich zusammen.

Der Berber Tariq erkennt die Gunst der Stunde. Eigenmächtig zieht er im Sturmlauf nach Norden, ohne auf seinen arabischen Chef Musa ibn Nusayr zu warten. Schnell erobert er die Städte *Corduba, Malaka* und *Toletum* und legt damit den Keim für Argwohn und Misstrauen zwischen Arabern und Berbern. Erst 712 kann Musa ibn Nusayr mit seinem Heer von 18000 Mann meist arabischer Herkunft im geschwächten Westgotenreich eintreffen und erobert Medina Sidonia, Carmona und Sevilla. Trotz der Insubordination und der notwendigen disziplinarischen Strafe setzt Musa ibn Nusayr weiter auf Tariqs Geschick, und die beiden rücken gemeinsam bis südlich der Pyrenäen vor.

Dieses selbständige Vorgehen ohne ausdrücklichen Befehl durch Kalif al-Walid I. wurde jetzt als Rechtsverletzung verstanden und geahndet. Im Jahr 714 werden die beiden zum Rapport nach Damaskus bestellt. Tariq ibn Ziyad und sein kommandierender General und Vorgesetzter Musa ibn Nusayr werden in Unehren entlassen. Ihre weitere Existenz verschwindet im Dunkel der Geschichte. Bis 715 können die Araber (mit Hilfe der Berber) ihre Herrschaft über weite Teile der Halbinsel ausdehnen (außer im Nordwesten). Doch schon bei der Landverteilung kommt es zu ersten Verstimmungen, weil sich die Araber stets die Filetstücke sichern und die Berber sich mit dem Rest zufrieden geben müssen.

Die Eindringlinge haben sich festgesetzt und bekommen von den hellhäutigen Spaniern und den meist blonden Goten den Spitznamen *moro* von lateinisch *maurus*: dunkelhäutig.

Die westgotische Bevölkerung flieht nach Norden oder geht in der künftigen islamisierten Bevölkerung der iberischen Kalifate und Sultanate auf. Trifft man heute einen blonden Spanier mit blauen Augen – das gibt es wirklich – und spricht ihn darauf an, kommt die selbstbewusste Antwort: *»Soy godo«*, ich bin Gote. Allerdings ist der Ausdruck in den ehemaligen Kolonien eher negativ belegt. In Peru zum Beispiel ist der Godo ein Spanier, der sich in der Kolonie ein paar schöne Jahre macht, seinen Wohlstand vermehrt und dann wieder ins Mutterland zurückkehrt.

Der Westgotenadel zieht sich nach Asturien zurück, obwohl dies nie westgotisches Siedlungsgebiet war. Von hier aus formiert sich schließlich der Widerstand gegen die Fremdherrschaft der Mauren. Schon im Jahr 722 schlägt einer ihrer Fürsten, Pelagius, die vordringenden Truppen in der »Schlacht von Covadonga«, südlich von Gijón, die wohl eher ein kleineres Scharmützel gewesen sein muss, aber bei der Weitergabe von Generation zu Generation immer heldenmütiger wurde. Er kämpfte nur mit wenigen hundert Männern gegen eine große Übermacht, nutzte aber das unzugängliche, für Reiterarmeen taktisch schwierige Berggelände zu seinem Vorteil in einer Art Guerillakampf. Wie viel von dem ganzen Geschehen Sage ist, wie viel real, lässt sich heute nicht mehr bestimmen. In jedem Fall wurde die »Schlacht« zum Beginn der *reconquista* verklärt, und Pelagius (Pelayo) wird bis heute hoch verehrt.

Gibraltar

Von weitem und lange vor unserer Ankunft macht sich der spitze Felsen aus Muschelkalk bemerkbar. Wie ein schiefer Keil ragt er 462 Meter in den Himmel, nach Osten fällt er fast senkrecht ab, nach Westen etwas sanfter, dort am Fuß des Felsens liegt auch die Stadt. Nach der Theorie der tektonischen Platten schiebt sich die afrikanische Kontinentalplatte unter die europäische und hebt sie dabei hoch. Was nicht durch Wind und Wasser abgetragen und erodiert wird, bleibt stehen.

In der Sagenwelt der Antike errichtet Herakles an dieser Meerenge Säulen auf dem Werg zum Riesen Geryones. Sie galten als das Tor zum Okeanos, einem großen Ringstrom, der die Erde umgab und an dessen anderem Ende sich das Totenreich befand. Man wusste, dass die damals bekannten Kontinente mit dem »inneren« Meer, dem Mitteleer, von einem »äußeren« Meer umgeben waren. Jeden Morgen erhob sich Helios mit dem von vier Rossen gezogenen Sonnenwagen aus dem Okeanos, um am Abend wieder im Ringstrom unterzutauchen.

Gibraltar ist ein politisch verzwickter Fall, seitdem sich die Briten den strategisch wichtigen Zipfel 1704 aneigneten. Der beauftragte Offizier war Prinz Georg von Hessen-Darmstadt, der im Spanischen Erbfolgekrieg in der englisch-holländischen Flotte diente. Er überraschte die spanische Besatzung durch seinen Überfall während der Siesta am Nachmittag, statt wie üblich im Morgengrauen. Peinlich für die Spanier!

1713 wurde das Gebiet im Vertrag von Utrecht formell den Briten zugesprochen und ist seit 1830 britische Kronkolonie. Die Spanier haben das Gebiet mehrfach belagert, zuletzt gemeinsam mit den Franzosen von 1779 bis 1783. Sie konnten es aber den Briten nicht wieder abnehmen. Denn die gruben sich einfach ein und bauten die *Siege Tunnels*, die Belagerungstunnel. Doppelt peinlich.

Während Weltkrieg II wurde Gibraltar in eine unterirdische Festung für über 15 000 Soldaten umgestaltet, um eine Eroberung durch die Wehrmacht zu verhindern. Dies war vom OKW zwar geplant, wurde aber aus Rücksicht auf die Neutralität Francos nie durchgeführt.

Im Grenzort *La Línea de la Concepción* erleben wir das Kuriosum Gibraltar. Bei der ›Ausreise‹ aus Spanien wird unser Ausweis kontrolliert (mal kurz draufgeblickt) und dann bei der ›Einreise‹ ins *Dependent Territory of the United Kingdom* noch einmal. Trotzdem haben wir die EU nicht verlassen. Das Gebiet ist Teil der Europäischen Union, die Einwohner sind Bürger des UK und haben das Wahlrecht für das Europäische Parlament. Eine große Attraktion ist die angenehme Tatsache, dass Gibraltar nicht den EU-Bestimmungen zur Mehrwertsteuer unterliegt. Wir werden bald sehen, warum.

Zuerst überqueren wir zu Fuß die Landebahn des von der Royal Air Force betriebenen Flughafens. Bei Flugbetrieb werden hüben und drüben einfach Schranken herabgelassen, denn auch der gesamte Autoverkehr muss quer über das Rollfeld. Jenseits der Landebahn beherrschen Zweckbauten das Bild, Lager und Hangars aus Wellblech wechseln sich mit Geschützbunkern, Kasematten und eintönigen Wohnhäusern (Gibraltar-Platte) ab, von deren Fenstern lustig und einvernehmlich Unterwäsche und Union Jacks im Wind flattern. Von hier unten erscheint der Felsen wie ein durchlöcherter Käse, überall sieht man Schießscharten, Öffnungen und Gänge.

Wir flanieren die Main Street entlang, die große Shopping Meile. Alle Arten von Alkoholika kann man hier preiswert erwerben, außer spanischen. Auch Goldschmuck, Edelsteine und edle Parfums werden angeboten, Laden an Laden. Unseren müden Füße und flimmernden Augen gönnen wir Ruhe im »*Angry Fray*«, dem ›Verärgerten Frater‹, zufällig gegenüber dem Amtssitz des Gouverneurs. So kommen wir in den Genuss des Wachwechsels zur selben Stunde angeblich wie vor dem Buckingham Palace. Und das geht so:

Wachlokal mit zwei hübschen Kanonen und Amtssitz liegen sich gegenüber an der Main Street. Drüben (Amtssitz) steht ein Soldat mit MP, stocksteif und stramm. Keine Bärenfellmütze, sondern Sommeruniform in khaki. Die Tür des Wachlokals öffnet sich, zwei Soldaten kommen heraus und marschieren quer über die Straße auf den ersten zu. Nach mehreren Wendemanövern in rechten Winkeln und zackig stampfenden Füßen schaffen sie es schließlich, genau vor ihm zum Stehen zu kommen. Dann blafft der zweite den ersten laut an, und der erste blafft zurück. Dann machen sie ein paar Freiübungen mit ihren MP. Dann folgt wieder ein Neunzig-Grad-Stampf-Tanz. Dann lösen sich zwei der drei und marschieren wieder über die Straße direkt ins Wachlokal. Die Tür schließt sich hinter ihnen, und ich glaube, jetzt trinken sie Tee. Als noch einmal genau hingucke, meine ich, der Soldat vor dem Amtssitz ist jetzt ein anderer als vorher. Mir wird klar, wie Wachwechsel funktionieren, und ich brauche mir keinen mehr anzugucken.

Wir spielen dann »Auf die Felsen, ihr Affen« und lösen zwei Tickets für die Seilbahn. Wir haben noch Zeit uns umzusehen, bevor die Gondel kommt. Die Stützen rosten, im Gebäude blättert die Farbe, hier und da fehlt der Putz. Die Gondel ist eng und nicht sehr gepflegt. In der Bergstation ist es nicht besser. Doch wir genießen erstmal den Ausblick. Es kommt noch ärger! Die militärischen Anlagen sind verlassen und längst außer Betrieb. Geländer sind verbogen oder verschwunden, es geht fast senkrecht hinunter. Gekappte Kabel liegen in Bündeln herum, Stacheldraht rankt wie rostige Schlingpflanzen von grauen Betonmauern, die Treppenstufen sind ausgetreten oder bröseln vor sich hin. Man hat den Eindruck, die Gibraltenser sind Realisten und wissen, irgendwann in nicht allzu ferner Zukunft geht der Felsen an Spanien. Also warum noch viel Geld für Erhaltung ausgeben?

Das Wahre, Schöne ist der Berg mit seinen Makaken, den Berberaffen (macaca sylvanus), die lauernd auf uns warten. Wehe, ein Tourist hat seine Taschen oder seinen Rucksack nicht gut verschnürt! Die kleinen Kerle sind flink und rabiat auf ihrer Suche nach Essbarem, so possierlich sie sich auch geben. Ihr Blick sagt uns, wer hier der Hausherr ist und wer geduldet. Der Berg selbst ist eine Wettermaschine. Auf der Luvseite scheint die Sonne. Der Wind muss dem Berg ausweichen und steigt in die Höhe. Dabei kondensiert der mitgeführte Wasserdampf und erzeugt auf der Leeseite eine lange Wolkenschleppe bis über die Bucht, hinüber nach Algeciras, dem spanischen Hafen auf der anderen Seite. An einer eingeschnürten Stelle schwankt eine schlanke, weiße, rotierende Windhose den Berg herauf, eine weiße Röhre von vielleicht fünf Metern Durchmesser, hoch über unseren Köpfen.

Auf halber Höhe wollen wir die St. Michaels-Höhle ansehen. Eine Tropfsteinhöhle, einst Militärhospital, heute wird sie für Konzerte genutzt. Doch wir kommen nur hinein, wenn wir uns ein Ticket für alle Sehenswürdigkeiten des Berges kaufen, auch für die, die uns nicht so interessieren. Zwölf Euro pro Person finden wir dann etwas überzogen. Zum Verfall gesellt sich Geldschneiderei.

Cádiz

Wenn sich die Fahrbahn auf einer Brücke in die Höhe hebt und eine breite Bucht überquert und sich links in der weiten Bucht Stahlmasten auf Betonfundamenten in die Höhe ragen, ist man kurz vor Cádiz. Sie dienen der Stromversorgung der Stadt. Wenn die Straße dann wieder auf ›Normalnull‹ absinkt, befindet man sich auf dieser ranken Landzunge, die sich schneidig von San Fernando her nördlich in die große Bucht von Cádiz reckt. Sie endet auf einem Felsensporn, der nur wenig über das Meer ragt, aber breit genug ist, die gesamte Altstadt aufzunehmen.

Dann tauchen auf der anderen Seite noch größere Masten auf, die »Pylonen von Cádiz«, fast 160 Meter hoch, so dass man die Kabel, die zwei Drehstromnetze von 132 kV versorgen, nicht mehr sehen kann. Die Stahlkonstruktion ist umso besser sichtbar, die Masten sind rund und am Fuß zwanzig Meter im Durchmesser.

Versetzen wir uns in die Zeit vor zwei oder drei Jahrtausende zurück. Der lange Strandwall war noch nicht da, er wurde erst im 17. Jh. angelegt. Der Felsen war eine Insel. Es wird klar, wie günstig diese Stelle als Ankerplatz, Hafen, Lager und für die Verteidigung ist. Gegenüber mündet der Río Guadalete, in dessen Bett Silber gefunden wurde. An diesem Fluss fand auch die Schlacht zwischen den Mauren und Westgoten statt, aber davon später. Das Stadtwappen trägt die Inschrift »Hercules Fundator Gadium Dominatorque« (Herkules, Gründer und Herrscher), was wohl eher als Legende eingeordnet werden muss. Historisch gründeten hier die Phönizier um 1100 v. Chr. den Stützpunkt *Gadir*. Auch die Baleareninsel waren Stationen auf ihren Handelsreisen, so besitzt zum Beispiel das kunsthistorische Museum auf Ibiza Fundstücke aus dieser Epoche.

Gadir gewinnt an Bedeutung. Die Karthager bauten es zu einem prosperierenden Handelszentrum aus. Nach den Punischen Kriegen wurde es natürlich von den Römern besetzt und in *Gades* umbenannt. Gades wurde Weltstadt. Angeblich kam Hannibal auf seinem Marsch nach Rom über die Alpen hier vorbei, vermutlich wegen der angenehm kurzen Seepassage. Die Mauren übernehmen die Stadt nach ihrem Sieg über die Westgoten. Im Jahr 1262 vertreibt sie Alfonso X. im Zuge der lang andauernden *reconquista* wieder aus der Stadt.

Nach der Eroberung der Kolonien in der Neuen Welt gründet die Krone 1503 in Sevilla die *Casa de Contratación*, über die alle Verträge, Handelsgeschäfte, und Verfügungen abzuwickeln waren. Diese mächtige und einflussreiche Behörde wurde im Jahr 1717 nach Cádiz verlegt, und wieder blühte die geografisch so günstig am Atlantik gelegene Stadt auf. Die »Casa« hatte das kastilische Handelsmonopol zu überwachen und den ›Königlichen Fünften‹ einzutreiben, eine Art Kolonialsteuer. Der direkte Handel zwischen den Kolonien untereinander war nicht erlaubt, außer über die »Casa«. In dieser Form des Staatsdirigismus liegt bereits der Keim des Niedergangs des spanischen Kolonialreiches.

Daneben war die »Casa de Contratación« zuständig für die Hafenbürokratie, Frachtdokumente, die Zulassung von nautischen Offizieren und für die Versorgung der Kolonien. Außerdem war sie Auswanderungsbehörde. Innerhalb der »Casa« wurde ein Zentrum für Navigation eingerichtet, um alles Wissen über neue Reiserouten zu sammeln. Dieses Amt leitete der »*piloto mayor*« (Cheflotse), erstmals Amerigo Vespucci von 1508 bis 1512. Es liegt nahe, zu vermuten, dass diese Aufgabenfülle zu Schlendrian und Interessenkonflikten führte, mal vorsichtig formuliert.

Zum Ende des 18. Jh. war die Casa de Contratación bereits handlungsunfähig, ein bürokratischer Moloch. Karl III. schaffte die Behörde im Jahr 1785 im Zuge einer Verwaltungsreform ab und verfügte, dass die verbleibenden Dokumente im *Archivo de Indias* in der ehemaligen Börse von Sevilla verwahrt werden. Dort können sie bis heute eingesehen werden.

Cádiz ist heute eine mittlere Hafen- und Industriestadt von 130000 Einwohnern. Dieser größte Atlantikhafen des Landes bedient auch die Kanarischen Inseln. Wir sehen riesige Werfthallen, Helligen, Kräne und Dockanlagen. Wehrhaft wirken die Achtung gebietenden Befestigungen zur See hin, dräuend dagegen die Wellenbrecher im Tidebereich. Zwischen den mächtigen Quadern aus Beton gurgelt und schmatzt das Wasser im immerwährenden auf und ab der Wellen.

Wir halten an der Avenida Duque de Nájera und bewundern das *Balneario La Caleta*, ein strahlend weißes, auf Betonfüßen in die See gebautes Heilbad, das früher ein Kurhotel war. Weiter nach Osten heißt die Uferpromenade dann Calle Campo del Sur, an der die aus hellem Kalkstein gemauerte sog. Neue Kathedrale steht, die im Stil des spanischen Hochbarock 1722 begonnen, dann aber erst im 19. Jh. vollendet wurde. Hier wurden die sterblichen Überreste des Komponisten Manuel de Fallas, des wohl berühmtesten Sohnes der Stadt, zur letzten Ruhe gebettet. Die dem Meer, also uns, zugewandte Seite ist frisch gesandstrahlt, so fehlt ihr ein wenig die Patina. Wo es eine Neue Kathedrale gibt, muss auch eine alte existiert haben. Die steht gleich nebenan, errichtet im 13. Jh. – also nach der Rückeroberung durch Alfonso X. – auf den Fundamenten einer Moschee, wie sich das damals so gehörte.

Nach Süden schauen wir über die breite Schutzmauer der Promenade. Irgendwo soll hier eine Szene für den James Bond Film »Stirb an einem anderen Tag« gedreht worden sein, in der Halle Berry aus dem Meer steigt. Im Film war es jedoch in Havanna. Der Hintergrund ist praktisch ausgefüllt von der Silhouette unzähliger Hotels auf dem Strandwall, Ferienziel vieler Spanier aus Madrid und Barcelona, die im Sommer das kühlere Seeklima genießen.

Über San Fernando und Chiclana de la Frontera fahren wir vorsichtig nach Süden weiter, denn es beginnt heftig zu regnen. Die ersten Unfälle haben sich schon ereignet. Die Straßen tragen noch den Staub des Sommers, und dies ist der erste Septemberguss, ein ausgewachsenes Gewitter. Da sind die Bremswege lang. Einige Ortsnamen in dieser Gegend tragen die Endung de la Frontera: Jerez, Conil, Vejer, Arcos und andere. Das bedeutet schlicht »an der Grenze« und zwar an der Grenze zum damaligen Land der

Nasriden, dem Sultanat Granada. Die Endungen haben sich bis heute ganz offiziell erhalten.

Wir fahren parallel zur *Costa de la Luz*, der Küste des Lichts. In Barbate suchen wir ein Restaurant, aber es ist noch zu früh. Am Nachmittag muss der Hunger warten. Ein neues heftiges Gewitter schneidet uns den Rückweg zum Auto ab und nötigt uns zu einem Cafébesuch. Wir ergattern den letzten freien Tisch ganz vorne, den Spritzern nah, die die schweren Tropfen aufspritzen lassen. Bald steht die Terrasse ein paar Zentimeter unter Wasser und die verwaisten Stühle im selben. Dies ist die Gegend des Thunfisches. Eine ganze Industrie hat sich um den Thunfischfang gebildet. Uns wird empfohlen, preisgünstig die hier hergestellten Konserven einzukaufen. Das zulässige Fluggepäck dämpft die Kauflust, und wir erstehen eine Dose *mejillones* und eine mit *tuna*.

Und dann lernen wir etwas über *almadraba*. Das Wort ist dem arabischen entlehnt und bedeutet etwa ›Ort des Schlagens‹. Heute wird damit der manuelle Thunfischfang bezeichnet. Das Verfahren geht wahrscheinlich auf das Mittelalter zurück, vermutlich aber auf noch frühere Zeiten. Der Tunfisch tritt in großen Schwärmen auf, sog. Schulen. Er legt im Nordfrühjahr die Strecke von der Arktis und der Antarktis bis in die Enge von Gibraltar zurück, um hier in den warmen Gewässern zu laichen. Im Herbst kehrt er in seine Heimatgewässer zurück.

Die Fangboote müssen zuerst eine Schule Tun orten. Dann werden die Tiere mit einem System aus Booten und Netzen in die Enge getrieben, vorzugsweise unweit der Küste im seichten Gewässer. Am Ende postieren sich jeweils zwei Boote einander gegenüber und versuchen, so viele Fische wie möglich in der Falle ihres Netzes lebend einzuschließen. Erfahrene Fischer wählen die besten Exemplare aus, die dann von ihren Kollegen mit Harpunen erstochen und an Bord gehievt werden. Ein solcher Fisch kann bis zu 200 Kilo wiegen. Keine leichte Arbeit, wenn das Wasser dazu von den wilden Flossenschlägen der aufgeregten Fische in der ungewohnten Gefangenschaft weiß schäumend zu kochen scheint.

Bald färbt sich das Wasser tiefrot. Und dann ist der Spuk vorbei. Das Netz senkt sich wieder, und andere Spezies, kleine und unbrauchbare Fische entkommen in die Freiheit.

Während der Weiterfahrt locken Werbetafeln am Straßenrand zum Besuch einer Surfschule. Wir erreichen Tarifa im Dunkeln. Es ist die südlichste Stadt des europäischen Festlands. Als wir die Altstadt durch El Arco betreten, der eigentlich Puerta de Jerez heißt, ein Stadttor im *Mudéjar*-Stil, glänzen die engen Straßen vom Regen. Die Abendluft ist frisch und kühl. Afrika ist hier nur 15 Kilometer entfernt, aber wir sehen nichts. Nicht einmal ein paar Lampen der anderen Seite dringen durch die feuchte Nacht.

Tarîf ibn Mâlik gab der Stadt ihren Namen. Der Berberführer führte schon im Jahr 710 mit ein paar Getreuen Ausflüge zur Erkundung durch und brachte wertvolle Hinweise zu Gelände und Topografie zurück. Heute ist Tarifa eine der Welthauptstädte des Surfsports.

Marbella

Womit Marbella wirbt, konnte wohl nur durch Zufall oder rechtzeitige Bremsmanöver der Verantwortlichen und Besorgten vor den Planierraupen verschont werden: die Altstadt mit den kleinen Gassen im andalusischen Stil. Wo früher ein kleines Fischerdorf döste, steht heute ein quirliger, lustiger Ferienort, Treffpunkt der Schönen und Reichen.

Die Durchgangsstraße N-340 oder Avenida de Severo Ochoa ist von hohen Büro- und Apartmenthäusern gesäumt, zwischen denen der Straßenverkehr tobt. Man muss schon ein wenig suchen, ehe man die Altstadt dahinter findet. Doch dann ist es mit einem Mal beschaulich und gelassen. Kleine Bars und *Taperías* laden zum Verweilen oder Mehr-Sterne-Restaurants verführen zu einem ausgedehnten Essen unter Bäumen. Zur Meerseite der Avenida findet man gepflegte Boulevards, Parks und Gartenanlagen.

Es wimmelt von Ausländern, die zum Teil hier ihren zweiten Wohnsitz haben, nach Engländern und Marokkanern bilden die Deutschen die drittgrößte Gruppe. Sogar eine Deutsche Schule gibt es hier, die bis zum Abitur führt.

Die mittlere Jahrestemperatur beträgt 19 Grad, Gastronomie und Sportangebot sind äußerst vielseitig. Für Unterhaltung ist gesorgt. Der Gipfel der Exklusivität ist der Luxus-Yachthafen Puerto Banús, wo sich trifft, wer etwas von sich hält. Das benachbarte San Pedro de Alcántara bietet antike Mosaike aus der Römerzeit und Überreste einer frühchristlichen Basilika (5. Jh.).

Fuengirola

Südliches Flair! Relaxen. Abhängen. Wir lümmeln uns in die Stühle eines Straßenrestaurants in der quirligen Altstadt. Nach einer guten halben Stunde wird es betriebsam. Menschen schieben sich durch die schmale Straße auf der Suche nach einem freien Platz. Ab 21 Uhr ist hier Hochbetrieb. Gut, dass wir, noch im heimatlichen Rhythmus denkend, zeitig da waren. Es gibt viel zu sehen. Berückend, wie manche herumlaufen. Dann fasziniert uns der Wettbewerb der Straßenverkäufer. Die Afrikaner haben Ledergürtel, Armbanduhren und Schmuck im Angebot. Sie haben immer einen Koffer, in dem die Ware übersichtlich angeordnet ist. Wir denken mal, alles echte Marken. Unzweifelhaft. Die Asiatinnen bieten bunte leuchtende Blumen, Windmühlen, Bälle, und anderen Schnickschnack an. Das blinkt und glitzert und funkelt! Manche Kinderaugen leuchten auch, wenn sie so ein Ding in der Hand halten. Und mit dem Essen ist es dann ganz vorbei.

Bald fügt sich akustische Untermalung dazu. Ein Gitarrist, dann ein Akkordeonspieler, dann wieder ein Gitarrist mühen sich um unsere Aufmerksamkeit, indem sie ihr spanisch anmutendes Repertoire zum Besten geben. Spätestens bei der Bitte nach des Spielmanns Lohn enttarnen sie sich durch ihren Akzent als Nicht-Spanier. Ertappt!

Der nächste Morgen gehört dem Castillo Sohail, am Westrand der Stadt, an der Mündung des Río Fuengirola gelegen, eine *alcazaba* (Zitadelle) aus früher Zeit. Von der Stützmauer für die Uferstrasse mit den schönen Grafitti geht es in einen weitläufigen baumlosen Park mit einigen Narben, wo noch immer archäologisch gegraben wird. Wir müssen uns an die hohen Temperaturen gewöhnen, als wir den Felsen erklimmen, der schon den Phöniziern, Puniern und Römern als strategischer Punkt gedient hatte. Was an Bausubstanz dort oben steht, ist aus der Zeit des Kalifen *Abd al-Rahman III*. Wie alle vor ihm hat auch er auf den Ruinen seiner Vorgänger gebaut, nur die Christen haben es 1485 intakt übernommen.

Sie bauten weiter, aber es blieb eine militärische Anlage, zweckmäßig und schmucklos, eine Festung. Napoleons Truppen nahmen sie im Jahr 1810 ein und besetzten sie mit einer starken Garnison. Als sie 1812 gegen den Ansturm der Spanier nicht mehr zu halten war, sprengten die abziehenden Franzosen einen Teil der polygonen Außenmauer und zwei der sieben hohen, schlanken Türme in die Luft.

Wenig später wurde die Festung versteigert und gelangte in private Hände. Heute werden während des Sommers im Innenhof, auf der *Plaza de Armas*, Konzerte veranstaltet. Die junge Frau an der Kasse drückt uns einen Flyer in die Hand. Zurzeit bieten sie eine Tanz-Show an: Flamenco Moderno mit 25 Leuten auf der Bühne und elektronisch auf die erforderlichen Dezibel verstärkte Musik, an den gigantischen Boxen gemessen. Wir ahnen die Nachahmung einer sehr bekannten Stepptanzgruppe aus Irland und investieren die sehr ansehnlichen vierzig Euro pro Person nicht. Nach unserer Meinung ist Flamenco Ausdruckskunst, der Gesang, begleitet von Gitarre und *castañuelas*, sowie die komplexe Körpersprache des Tanzes sind Überbringer der Botschaft. Diese Art von Musik ist für simultanes Massensteppen kaum geeignet.

Málaga

Willst du eine Stadt erwandern, suche zuerst den höchsten Kirchturm und ziehe von dort deine Kreise. Dieser gute Rat ist umso schwerer umzusetzen, je höher die Bürotürme wachsen und die Kirchen umstellen. Sich nach den Glocken zu orientieren ist wegen der vielen Echos trügerisch. Doch wir entdecken ihn hin und wieder in einer Straßenschlucht, den vollendeten, 92 Meter hohen Nordturm. Dem Südturm fehlt der Aufsatz, er endet abrupt in Höhe des Daches, weswegen die malagueños ihre Catedral de la Incarnación, Kathedrale der Fleischwerdung (Christi), denn auch zärtlich-ironisch »die Einarmige« nennen. Nichts deutet darauf hin, dass er irgendwann fertig gestellt wird.

Es ist Sonntag, und drinnen wird eine Messe gehalten, eigentlich kein Tag für Touristen, die die Andacht stören. Doch, oh Toleranz, wir werden nicht abgewiesen, nicht einmal wegen Utes bloßen Oberarmen. Das hatte früher einen Rauswurf zur Folge. Da hat sich etwas geändert.

Ungehindert wandern wir durch den Renaissancebau aus hellen Quadern. Mächtige Säulenbündel tragen die ornamentierten Sterngewölbe. In den Seitenschiffen prangen zwei Orgelprospekte, und vorn vor dem Hochaltar zittern unablässig die *abanicos*, die Fächer der Gläubigen, die im Gestühl der Messe folgen.

Das Äußere des Baus ist stilmäßig weniger homogen. Halb fertige Mauern, offene Verzahnungen, die auf Weiterbau warten und Stilelemente von der Gotik bis zum Barock erzählen von langen Unterbrechungen, Teilabriss und Geldmangel, vielleicht auch von unterschiedlichen Zielsetzungen der Architekten, die an diesem Bau gewirkt haben. Das nördliche Seitenportal wirkt sogar etwas wie die Porta Nigra in Trier. 1528 beginnt die Bauarbeit über den Fundamenten einer Moschee und zieht sich bis 1782 hin. Ein erster Bau war im spätgotischen Stil der Katholischen Majestäten begonnen, aber schon bald wieder abgerissen worden. Lediglich ein Portal blieb erhalten, es schmückt heute die Kirche El Sagrario gleich nebenan.

Wir schlendern durch den kleinen Park zwischen den beiden Gotteshäusern und mieten uns eine Kutsche. In pomadiger Routine findet der Graue seinen Weg durch das Autogewühl. Es scheint, er kann sogar rot, grün und gelb unterscheiden. Über die Plaza de a la Marina geht es kurz auf die Alameda Principal, dann den Paseo del Parque entlang und hinunter zum Leuchtturm am Hafen, am Strand entlang und wieder zurück bis zur *Plaza de Toros*, dann am prächtigen Rathaus vorbei, dem *ayuntamiento*, und zum Anfang zurück. Immer sah dabei die Alcazaba von ihrem Hügel auf uns herab, und rechts davon der noch höhere *Gibralfaro*, die Islamisierung von Monte del Faro, was andeutet, dass hier in der Vorzeit bereits ein Leuchtfeuer gestanden haben muss.

Ganz sicher ist Málaga schon wegen seiner günstigen Lage in einer weiten Bucht am Seeweg zu den Balearen und dem Zugang zu Landwegen von der Küste ins Landesinnere einer der ältesten phönizischen Handelsposten. Nach den Punischen Kriegen wurde die Siedlung von den Römern übernommen und hieß fortan *Municipium Malacitanum*. Aus dieser Zeit stammt ein mittelgroßes römisches Theater, das zum Teil freigelegt worden ist. Es liegt an der Calle Alacazabilla, direkt unterhalb des Hügels, auf die alcazaba steht. Wer weiß, wie viele Zeugen aus der phönizischen und der römische Epoche unter der heutigen Stadt schlummern.

Direkt neben dem Theater, an der Plaza de Aduana befinden sich ein kleiner Garten und daneben die Kasse sowie der Eingang. Die Alcazaba ist ein beeindruckendes Ensemble. Es steht auf einem 55 Meter hohen Felsensporn, dessen Kontur sich Gebäude und Wege geschickt anpassen. Entsprechend führt ein Serpentinenweg zwischen den verschiedenen Mauern hinauf zum ersten Innenhof, der Plaza de Armas, heute ein Garten. Der Umgang mit Wasser ist so einfach wie kunstvoll und dabei noch sparsam. Aus zierlichen Springbrunnen fließt es in runde oder achteckige Becken, von denen feine Rinnen es in den nächsten Hof führen. Dort füllt es wieder ein kleines Becken oder einen Fischteich und fließt dann zum nächst niedrigeren Teil der Gartenanlage. All das ist eingerahmt durch wuchtige, quadratische Türme, die das Gefühl von Sicherheit, aber auch Beobachtung und Bewachung vermitteln. Im Zentrum des Hügels stehen die Paläste, Wohngebäude und Gärten des Herrschers und seiner Familie. Darum herum gliedern sich die Wirtschaftsgebäude und die Wehranlagen. Die Mauern weisen viele Reparaturen aus ganz verschiedenen Epochen auf, bis in die Neuzeit. Das Originalbauwerk ist aus fossilem Kalk errichtet, der der Witterung nicht lange standhält. Während seiner gesamten Existenz muss immer wieder repariert werden. Die erste größere Restaurierung wird bereits in der *Taifa*-Zeit zwischen 1040 und 1065 durchgeführt. Die Mehrheit der Palastgebäude stammen aus dem 14. Jh. und wurden 1930 gehörig restauriert.

Am östlichen Ende der Ummauerung ist Schluss. Wie gern würden wir jetzt über den mit Mauern eingefassten Wehrgang, die *coracha terrestre*, hinauf zum 35 Meter höher liegenden Gibralfaro zu Fuß gehen. Es ist ein mit gezahnten Mauern eingefasster Verbindungsgang, der die Alcazaba und den Gibralfaro vereint. Doch der Gang ist geschlossen. Also fahren wir. Im weniger bebauten Stadtteil am Berg und auf der ansteigenden Straße hat unser Navigationsgerät keine Probleme mit dem GPS-Signal so wie in den engen Häuserschluchten der Altstadt und führt uns den verschlungenen Weg sicher hinauf.

Dies ist Málagas Balkon! Fehlen nur noch die Blumenkästen mit den Geranien. Wir überblicken den Hafen, in dem gerade zwei neue Containerbrücken montiert werden, und wir sehen direkt in die Plaza de Toros hinein. In der Mitte des Hügels befindet sich in einem der alten Gemäuer, der ehemaligen Pulverkammer, eine recht informative Ausstellung der damaligen Wehrtechnik und schönen historischen Ansichten Málagas zur Zeit der reconquista im Jahr 1487. Der Rest der Anlage sind beachtliche Garnisons-gebäude, Festungsmauern mit Zinnen und Schießscharten, Gänge, Treppen, und Verliese.

Auf der Plaza de la Constitución (Platz der Verfassung) laden Cafés zum Verweilen, bevor man das Picasso-Museum besucht.

Dessen Geburtshaus steht ungefähr einen Kilometer entfernt, und die Stadt Málaga ist mächtig stolz auf ihren Sohn. Über die Calle Santa María erreicht man die Calle San Agustín und steht schon fast vor dem Stadtpalast des Grafen von Buenavista. 2003 wurde die permanente Ausstellung hier untergebracht. Die Schenkung von 155 Werken aus Familienbesitz und die Unterstützung der andalusischen Regierung führten zur Schaffung des Museo Picasso Málaga.

Ein ganzer Raum widmet sich seiner ›afrikanischen Periode‹ um die Jahrhundertwende, in der er Stammeskunst sammelt und in seinen Werken verarbeitet. Uns fällt die Dryade von 1908 ein, die sich in der Eremitage in Petersburg befindet, das Gemälde einer griechischen Waldnymphe, in deren Gesicht man eine Tanzmaske aus Afrika erkennt. Immer wieder beschleicht einen das Gefühl der Widersprüchlichkeit im Wesen dieses genialen Künstlers.

Schräg gegenüber entdecken wir eine Tetería mit exotischen Tee-Rezepten. Wir entscheiden uns für einen weißen Tee auf Milch-Basis, der »Capricho del Obispo« heißt, Laune des Bischofs. Er besteht aus schwarzem Tee, einem Blatt frischer Minze, Nelken, Zimtrinde und Kreuzkümmel. Gut, dass wir nicht zum Doping-Test müssen. Aber was wohl der Bischof dabei empfunden hat?

Am Abend flanieren wir, mittlerweile mit nicht mehr ganz munteren Füßen, den Paseo del Parque hinunter und den Paseo de los Curas wieder herauf. Zwischen den beiden parallelen Avenidas, auf denen der städtische Verkehr brandet, liegt ein wunderschön angelegter Palmenpark mit Brunnen, Bänken und vielen Pflanzen aus tropischen Ländern aller Erdteile, ähnlich einem Botanischen Garten.

Auf dem Weg zum Parkhaus entdecken wir die Steigerung des DDR-Ampelmännchens. Das grüne Licht wird nicht in einer einzigen Glühlampe erzeugt, sondern aus einem Raster von kleinen Dioden. Das macht es möglich das Männchen laufen zu lassen! Dabei steigert es zum Ende der Grünphase sein Tempo. Und um das noch zu toppen, zeigen sie unter dem roten und dem grünen

Männchen die verbleibenden Sekunden der grünen oder roten Phase an und lassen sie wegticken. So weiß man, wie lange man noch Zeit hat, hinüber zu rennen oder ob man lieber wartet.

Tick, tick, tick, tick, tick …

Mijas

Eine der besten Ausblicke auf die Küste um Málaga herum hat man ohne Zweifel von Mijas, in 420 Meter Höhe, nicht mehr als acht Kilometer von der Küste entfernt. Es ist eines der traditionell andalusischen weißen Dörfer, der *pueblos blancos* mit verwinkelten, engen Gassen und Treppen, die sich zwischen den weiß getünchten Häusern hinauf und hinab winden. Gusseiserne Laternen zieren manche Gasse und manchen Hof.

Mijas rühmt sich der einzigen (beinahe) eckigen Arena in ganz Andalusien. Sie ist recht klein, und neben Stierkämpfen wird sie für Wettbewerbe der Pferdedressur genutzt. Hier zeigen die Züchter und Reiter der Umgebung ihr Können. Die Leistungsschau wird sogar im lokalen Fernsehen übertragen.

Dann vernehmen wir das bekannte, metallische Staccato-Geschrei der Esel, i-aah, i-aah, i-aah. Dreißig bis vierzig der Graumähnen stehen im Schatten geparkt, auf ihren Einsatz wartend, um hübsch herausgeputzt die Touristen im kleinen Zweisitzer durch die Gassen zu ziehen, vorbei an den zahllosen Souvenirläden, in denen sie hernach ihre Euros lassen sollen.

Ein highlight ist die Grotte oberhalb des großen Parkplatzes für die Reisebusse. Ein paar Mönche haben sich um das Jahr 1520 in harter Handarbeit eine Kirche aus dem Felsen herausgeschlagen und nannten sie Santuario de la Virgen de la Peña (Heilige Stätte der Jungfrau des Felsens). Heute dient sie Wallfahrern als Ziel. Vor dem Eingang zur Grotte hat man einen kleinen, schattigen Park angelegt, unter dessen Bäumen man recht ordentlich essen kann, während man die Fernsicht auf Fuengirola und das Mittelmeer genießt.

Ojén

Von Marbella aus führt eine wunderschöne Teerstraße acht Kilometer zwischen der Sierra Blanca und der Sierra de Alpujata ins malerische Dorf Ojén in dreihundert Metern Höhe. In den Felsen am oberen Ortsrand gleich an der Calle de la Carretera befinden sich Höhlen, in denen bereits Menschen vom Typ Neandertal gelebt haben. Zur Zeit der Römer gab es Viehzucht und Landwirtschaft, versichern die Historiker. Aber schriftlich wurde Ojén zum ersten Mal in der »*Crónica de las hazañas de los emires cordobeses*« erwähnt, der Chronik der Heldentaten der Emire von Córdoba. Dort heißt es, dass Abd al-Rahman III. vor den Mauern von Ojén eine Schlacht zur Unterwerfung rebellischer *Mozaraber* (Christen, die in islamischen Gebieten lebten) und Mulatten aus Málaga austragen ließ. Die Erhebung der Mozaraber hatte zur Gründung eines vorübergehenden Fürstentums mit Sitz in Bobastro geführt. Im Jahr 921 wurde Ojén durch Abd al-Rahman befreit, worauf seine Kirche zur Moschee umgewidmet wurde. Im Jahr 1485 ergaben sich die Muslime von Ojén Ferdinand dem Katholischen und dienten ihm als Vasallen bis die katholischen Majestäten im Rahmen der reconquista im Jahr 1492 die Herrschaft übernahmen.

Unsere Aufmerksamkeit wird durch das einzige Museum der Region erregt, das sich des Málaga-Weines annimmt. Museum klingt immer aufregend, man bildet sich ja gern weiter. Dabei stört uns der Untertitel *Tienda-Museo del Vino* wenig, besteht doch gleichwohl die Aussicht auf Degustation. Das Einnehmende des Hauptraumes sind zwei riesige runde Holztische mit jeweils zwölf Stühlen. Noch ist es leer, wir sind die ersten Besucher seit Beginn der Öffnungszeit. Die lange Wand zur Rechten ist ausgefüllt mit Regalen voller Weinflaschen. Wir suchen das Museum. Es ist die Ecke gleich neben dem Eingang, in der ein paar ältere Geräte stehen, sozusagen das Feigenblatt für den anspruchsvollen Namen. Der Nebenraum ist bis zur Decke angefüllt mit farbenfroher, rustikaler Keramik.

Die musealen Exponate sind leichte Kost, recht schnell besichtigt, unsere Gewissen beruhigt, also ran an die Weinprobe. Im Hintergrund spielt gedämpft die Weltmusik von ›Radio Tarifa‹. Wir probieren einen Weißen aus der Pedro Jiménez Traube, der es mit einem Jerez Fino aufnehmen kann, aber sich nicht so nennen darf. Anhand eines Weinbuches wird uns bereitwillig erklärt, warum. Zum Ende hin stellt er uns die schweren, süßen Weine der Region vor, oft von Kellereien, die nur ein paar tausend Flaschen im Jahr abfüllen. Vier Wochen später liefert ein Paketkurier eine große Kiste der sorgfältig probierten und ausgewählten Weine aus der Gegend um Ojén.

Casares

Am Nachmittag verlassen wir das Vereinigte Königreich wieder und reisen in Spanien ein. Die Sonne steht hoch genug für einen Abstecher nach Casares, einem der »weißen Dörfer«, die noch nicht von der Tourismuswelle überflutet sind. Es liegt im bergigen Hinterland von Estepona, etwa 15 km von der Autobahn entfernt und ist über eine kurvenreiche Landstraße gut zu erreichen. Kurz vor dem Ort kommen wir an einem sehr großen Windpark vorbei. Eine ganze Batterie Windräder steht auf einem Bergkamm der Sierra Bermeja aufgereiht, um in 400 m Meereshöhe den Seewind, der von der Costa del Sol heraufweht in Elektrizität umzuwandeln. Die weißen Häuser des Dreitausend-Seelen-Dorfes ziehen sich eindrucksvoll von einem Felsensporn über einen Sattel zum gegenüberliegenden Berghang hinauf. Mit der untergehenden Sonne färbt sich ihr Kalkweiß langsam zu hellem Ocker, und die Schatten werden weicher. Auf dem Sporn steht der Castillo Árabe, die Burg aus der Maurenzeit. Die alte Umfassungsmauer ist teilweise noch erhalten und umschließt die Pfarrkirche Iglesia de la Incarnación, die Kirche der Fleischwerdung (Christi), die aber zurzeit gründlich restauriert wird. Wir sahen sie völlig entkernt und mit Brettern zugenagelt. Außerdem befinden sich innerhalb der Mauer einige Wohnhäuser und der hübsch angelegte Friedhof mit gemauerten Grabnischen wegen des felsigen Untergrundes. Das ganze Dorf ist 1978 zum Conjunto Histórico ernannt worden, etwa ›Historisches Denkmal‹.

Auf dem Weg zum Hauptplatz, der Plaza de España, liegt das Geburtshaus des Sozialrevolutionärs und Vorkämpfers der andalusischen Autonomie Blas Infante. Die Bar nebenan bietet *Tapas* und San Miguel bestellen. Zwei Alte sitzen an getrennten Tischen, jeder vor ›seinem‹ Fenster, um ungestört verfolgen und kommentieren zu können, was auf dem Platz passiert, wer kommt oder wer geht. Zwischendurch, wenn draußen absolut nichts los ist, lesen sie ihre Zeitung bis, ja bis es wieder was zu gucken gibt.

Jerez de la Frontera

Einer der für uns Deutsche am schwersten auszusprechenden Städtenamen ist der von Jerez [χereθ] de la Frontera. Beginnen Sie mit dem gutturalen *ch* wie in Bacharach, in der Mitte das einfach gerollte *r* wie in Toro und am Ende das halbtrockene englische *th*. Der Anhang ›de la frontera‹ (an der Grenze) weist auf die Lage der Stadt in der zwischen Christen und Mauren lange umkämpften Grenzregion hin.

Sie ist zwar bedeutender und mit ihren fast 200.000 Einwohnern größer als Cádiz, ist aber nicht die Hauptstadt der Provinz. Dafür befindet sich hier der Sitz der berühmten Königlich Andalusischen Reitschule (*Real Escuela Andaluza del Arte Ecuestre*). Das Fotografieren während der Vorführung ist verständlicherweise verboten. Zum einen wollen die ihre DVD und Bilder verkaufen, und zum anderen würde das dauernde Blitzen sehr stören. Die lange, rechteckige fasst mehrere hundert Zuschauer, an der einen Schmalseite sind die Tore für die Reiter und Pferde, gegenüber ist die Königs-Loge.

Das Motto der Vorführung: »Wenn die andalusischen Pferde tanzen«. In salbungsvoller Rhetorik werden die einzelnen Akte erklärt, der Auftritt der edlen Tiere ist von spanischer Musik begleitet. Es ist eine beeindruckende Darbietung, die man kaum mit Worten beschreiben kann. Im Nachhinein fällt auf, dass die Reiter alle Männer sind.

Jerez ist die Stadt der Pferde und Bodegas und damit die unbestrittene Hauptstadt des *Vino de Jerez*, des weltberühmten Sherry. Die Stadt hieß bei den Phöniziern *Cera*, unter den Römern *Ceret* und bei den Arabern *Sherish*. Und letzteres ist die Wurzel der Bezeichnung Sherry, die geschützt ist wie z.B. Champagner. Nur Weine, die im Gebiet um *Jerez de la Frontera, Sanlúcar de Barrameda* und *El Puerto de Santa María* angebaut werden, dürfen sich Sherry nennen, obwohl außerhalb dieses Dreiecks ebenbürtige Produkte anzutreffen sind.

Gleich um die Ecke ist die Bodega Sandeman, wo Führungen angeboten werden und die Besucher im Schnellkurs von vierzig Minuten zu Kennern ausgebildet werden. Sherry ist ein Likörwein von 15 bis 18 Prozent Alkohol. Er wird aus der Palomino-Traube hergestellt und nach Abschluss der Gärung mit Branntwein »auf Touren gebracht«. Danach reift er in nicht verstöpselten Fässern. Jahrgangsweine gibt es nicht, es werden immer die letzten vier Jahrgänge kaskadenartig miteinander verschnitten.

Bekannt wird der Sherry ab dem Ende des 18. Jh., als nach dem Ende einer schlimmen Wirtschaftskrise englisches Kapital nach Jerez strömt. Britische Investoren kaufen die maroden Bodegas auf beginnen, die verschiedenen Arten des Sherrys international zu vermarkten. Jedes hat sicher seine eigene Erfolgs-Story zu erzählen, ob nun Sandeman, Osborne, Domecq, Gonzáles Byass oder wie sie alle heißen. »Unser« Sandeman ist ein junger Schotte, der seinen Papa 1790 um 300 Pfund Sterling anpumpt, um sich eine Bodega zu kaufen. Bis heute ist das Unternehmen im Familienbesitz derer von Sandeman. Wir erinnern uns an den Mann im schwarzen Umhang mit flachem Hut, aber auch an den Stier von Osborne, der im ganzen Land auf einsamen Hügeln in Sichtweite der Durchgangsstraßen in der glutroten Abendsonne seine markante Silhouette an den Himmel zeichnet.

Man erfährt alles über Fino, Amontillado und Oloroso, über die Serviertemperaturen und probiert alle Arten zu *Jamón Serrano, Chorizo* und *Queso Manchego* für etwas überhöhte zwölf Euro. Dafür ist die waschechte Spanierin hellblond und trägt den besagten Hut zum schwarzen Umhang. Die ranke, alerte und eloquente Frau erläutert, was sich in den Gläsern befindet und dreht sich schon wieder herum, um die nächste Probe zu holen. Dabei weht das lange Cape leicht wie ein Hauch hinter ihr her. Das Marketing ist formidabel. Man fühlt sich gut informiert, hat das Gefühl, jetzt auch Eingeweihter zu sein und ist am Ende der Führung fest davon überzeugt: Sandeman ist der Beste! Weitersagen bitte.

Ronda

In San Pedro de Alcántara verlassen wir die geschwungenen weiten Kurven der Küstenautobahn und erklimmen das Bergland. Nach einer kurzen Strecke lassen wir die kosmopolitische, dicht bebaute Küste hinter uns, und eine halbe Stunde später informiert uns ein Straßenschild, dass wir auf 1100 Meter über dem Meer sind. Ein bizarres Gebilde aus Stahl reizt unsere Neugier, aber wir bekommen nicht heraus, was es ist. Die Luft ist leicht und klar hier oben, wir fühlen uns wie auf einem kleinen Dach der Welt. Nach Osten erstreckt sich das Naturschutzgebiet Sierra de las Nieves (Bergland des Schnees) mit Wanderwegen und Bergpfaden. Ein Pamphlet zeigt wirklich Fotos mit Eiszapfen an den Felsen und Schnee auf den Bäumen. Die höchste Erhebung der Umgebung misst 1919 Meter, la Torrecilla, das Türmchen.

Dies ist ein ganz anderes, fast menschenleeres Spanien. Uns ist beinahe einsam, wäre da nicht der Straßenlärm, der uns die Realität erhält. Wir treffen nur Autofahrer, die sich wie wir die Beine vertreten. Hier und da leuchtet ein weißes Dorf zwischen den locker bewaldeten Bergen hervor. Der Wald ist nicht sehr dicht und lässt Karstiges durchblicken.

Ronda liegt eindrucksvoll auf einem Felsenvorsprung in 720 Metern Meereshöhe. Der Eindruck verstärkt sich noch beim Blick von der berühmten Brücke in die 100 Meter tiefe Schlucht, die sich der *Río Guadalevín* mit seinem Schmelzwasser aus der *serranía* in den Kalkstein gefräst hat. So ist die 30 000 Einwohnerstadt für ewig geteilt und so lange verbunden, wie die Brücke hält. Doch es gibt noch zwei kleinere weiter unten und weniger spektakulär, den Puente Viejo (alte Brücke) und den Puente Árabe, die aber wohl nicht von den Arabern, sondern von den Römern stammt.

Von einem Aussichtspunkt entdecken wir einen schmalen Sandpfad, der von der arabischen Altstadt hinunter zum Fluss führt. Wir wagen einen Blick durch die offene Tür zum *patio* der Casa de Don Bosco aus dem 19.Jh. mit seinen üppigen Pflanzen und farbefrohen Fliesen. Bis zur Schenkung an den Salesianer-

Orden war das Haus der Stadtpalast der Adelsfamilie Granadinos. Ein Restaurant drei Häuser weiter erlaubt einen Blick durchs ganze Haus bis zur serranía.

In der windgeschützten Schlucht brennt uns die Sonne aufs Haupt, wir freuen uns auf den Schatten des engen Tals. Die Erde lechzt nach Regen. Auf halbem Wege sind alle Büsche und Bäume verkohlt, hier hat ein vernichtendes Feuer gewütet. An einer Biegung des Weges liegt eine Wohnungstür an einen schwarzen Stamm gelehnt mit der ungelenken Aufschrift in Englisch und Deutsch: »Hier zur Aussicht für die besten Fotos der Brücke«. Wir hatten das flache, an den Hang geduckte Steinhaus von oben gesehen.

Der Alte neben der Korbschale mit Münzen kontert die spanische Begrüßung auf Englisch.

»Where do you come from?«

Akzent süddeutsch, denken wir und antworten bockig auf Spanisch. Doch er hat längst Witterung aufgenommen und meint, mer könnt au' Deutsch schwätze. Dabei flutscht ihm unversehens ein Speiserest aus dem minderbezahnten Kauwerkzeug, dem er behände nachsetzt und ihn sofort abwischt. Sein Atem verströmt strenges Hopfenaroma, als er uns unaufgefordert seine Geschichte kakelt. In den Achtzigern war er das erste Mal mit seiner Frau hier. In einem heftigen Gewittersturm baten sie den Eigentümer der Hütte um Unterschlupf. Der Sturm dauerte drei Tage. Am Ende verkaufte ihm der 74-jährige Spanier das Anwesen, um in die Toskana zu ziehen, wo sein Sohn lebte. 1987 starb die Frau des Süddeutschen, und er zog allein nach Ronda und in dieses Haus.

Er kommt auf unsere Frage zurück und berichtet, dass ein Hiesiger das Feuer gelegt habe. Warum wisse er nicht. Man hat ihn jedoch gefasst und zu einer Gefängnisstrafe verurteilt.

Er erzählt uns, Rilke habe während seines dreimonatigen Aufenthaltes in Ronda 1912/13 in ebendiesem Haus gewohnt und 1923 Hemingway. Sogar Picasso soll eine Zeichnung an der Mauer hinterlassen haben, die den Berg stützt, aber sie sei durch Flechten überwuchert. Was soll man da sagen, wir können ihm das Gegenteil nicht beweisen, also in dubio pro reo. Rilke, Hemingway, Picasso. Welch ein Ort! Und er steht in keinem Reisführer. Eine echte Entdeckung, könnte man glauben, und das im Zeitalter des Internet, in dem es keine Geheimnisse mehr gibt.

Unser Mann hat eine Spanierin geheiratet, er zeigt uns mit dem Arm, wo sie wohnen, unten am Fluss, und Oliven anbauen. Mit ihr hat er zwei Kinder im vierten und sechsten Lebensjahr. Er ist gelernter Gartenbauingenieur, jetzt in Rente, pflegt gelegentlich die Grünanlagen der Gemeinde, bringt die Kinder morgens in den Hort und schreibt viel, sagt er. Vermutlich bessert er sein Bargeld ein wenig auf, indem er seinen Aussichtspunkt empfiehlt. Aber er ist dreimal im Jahr in München und besucht Familienagehörige. Warum schickt den keiner zum Zahnarzt?

Als wir wieder aus dem Tal heraufkommen, empfiehlt er uns eine kleine Bar mit guten und preiswerten Tapas in El Mercadillo, dem neuen Teil der Stadt, über den Puente Nuevo und hinter dem Deko-Fußball links. Die Bar heißt Café Capri, und er kennt den Besitzer, sagt er. Wir schauen mal vorsichtig hinein. Es ist eine saubere, kleine Straßenkneipe mit langem Tresen, in der schmalen Rückwand ist die Tür zur Küche. Der Chef kocht selbst, und wir essen köstliches, das er auf ein Kopfnicken aus den verschiedenen Töpfen fischt und vor uns hinstellt. Dann berichten wir ihm von der Empfehlung. Er grinst.

»Ah, visitaste Konrad. ¿Como esta él?«

Konrad also, und wir hatten uns nicht einmal miteinander bekannt gemacht. Nachdenklich zahlen wir, einen Euro pro Tapa, und das Bier war auch preisgünstig. Konrad sprach die Wahrheit.

Ein kurzer Besuch im *Museo Taurino* lässt lange Vergessenes aus Hemingways Büchern wieder präsent werden. Ein Name wird in Verbindung mit dem modernen Stierkampf sicherlich allezeit genannt werden: Francisco Romero. Er wird dafür geehrt, dass er den Stierkampf revolutionierte und ihn so bis heute einer Gemeinschaft von *aficionados* erhielt.

Adlige des frühen 18. Jh. erhielten sich ihre Fertigkeit als Reiter und Kämpfer, indem sie Stiere zu Pferde bezwangen bzw. abstachen. Auf den Übungsplätzen ging es dabei nicht immer sehr vornehm zu. Die Sitten waren roh, und jeder tat, was ihm gefiel. Unser Romero aus Ronda war Zimmermann und verdiente sich durch Hilfsdienste bei diesen Übungen ein paar Peseten. Eines Tages fiel einer der Herren vom Pferd, verhedderte sich elend im Sattelzeug und war unfähig, sich zu befreien. Der Stier bemerkte dies und machte Anstalten, seinen wehrlosen Gegner am Boden aufzuspießen. Beherzt sprang Romero auf und lockte den Stier, seinen breitkrempigen andalusischen Hut wedelnd, vom hilflosen Reiter weg. Er hatte Erfolg. Diese Praxis wiederholte er mehrmals und studierte das Verhalten der Stiere genau.

Ob es sich genauso zugetragen hat, darf hinterfragt werden, auf jeden Fall ist die Geschichte nicht schlecht kolportiert. Wie auch immer, der moderne Stierkampf war ins Leben gerufen worden. Die wichtigste der neuen Regeln: künftig begegnet der *matador* dem Stier zu Fuß. Der Hut wird durch die rote *muleta* ersetzt, in der der matador die leicht abwärts gekrümmte *espada* versteckt, mit der er das Tier mit nur einem Stich in Sekundenschnelle und möglichst schmerzlos zu töten hat. Die »Schule von Ronda« war geboren.

Genaue Regeln wurden eingeführt, Romero reiste durch ganz Spanien, verbreitete die neue Kunst des *toreo* und starb sehr reich. Sohn Juan und Enkel Pedro wurden Stierkämpfer und haben dieses Handwerk perfektioniert. Pedro soll in seinem Leben angeblich 5600 Stiere ins Jenseits befördert haben. Er starb 1839 mit 85 Jahren und war in seinem ganzen Leben nie ernsthaft verletzt.

Gleich neben dem Museum gelangt man in die älteste und größte Arena Spaniens. 66 Meter Durchmesser misst das sandige Rund, und alle Plätze in zwei Etagen sind überdacht, einmalig im ganzen Land. 5000 Zuschauer haben in ihr Platz, was sich eher bescheiden anhört, vergleicht man sie mit der Plaza de Toros einer Großstadt, die bis knapp dreißigtausend aufnimmt.

Die arabische Alstadt, la ciudad vieja oder schlicht la ciudad, grüßt mit ihren kleinen Gässchen, den versteckten, zu Kirchen umgebauten Moscheen und kleinen Geschäften für die Touristen. Sehr beliebt sind die handgemalten *abanicos*, Fächer für die heißen Tage. Dann stehen wir vor dem kleinen Minarett, das etwas vergessen und einsam an der Calle Marqués de Salvatierra steht. Die dazugehörige Moschee ist 1485 zur Kirche umgebaut und dem Hl. Sebastian geweiht worden, auf das Minarett hat man einen Aufsatz für die Glocken gemauert. Die Kirsche fiel einem Erdbeben zum Opfer, aber das Minarett blieb verschont. Die maurischen Fliesen an den Außenwänden sind leider verloren gegangen.

Die Gasse führt steil abwärts in Richtung des Flusses und der arabischen Brücke. Das Kieselsteinpflaster ist über die Zeit von vielen Füßen, Schuhsohlen und Autoreifen gefährlich glatt poliert worden. Wir möchten hier nicht bei Regen gehen müssen. Unten öffnet sich die Straße zu einem kleinen Platz direkt vor dem Palacio del Marqués de Salvatierra, der aber geschlossen ist. Wir lesen im Reiseführer, dass der Urgroßvater der heutigen Palastbesitzerin, Doña Pilar de Salvatierra, der letzte spanische König von Mexiko war. Die massive Barockfassade mit den vier aztekischen Figuren in den Pilastern verraten uns: illustre Namen, mächtige Gebäude, teure Instandhaltung.

Durch den Torbogen Arco de Felipe V. führt die Straße zu den *Baños Árabes*, die vorgeblich am besten erhaltenen arabischen Bäder Spaniens. Die Gliederung der Anlage in *Frigidarium*, *Tepidarium* und *Caldarium*, also Bad mit kaltem, lauem und heißem Wasser bzw. Dampf, mutet aber eher römisch an. Doch wem schadet das? Vielleicht war das römische Bad verlassen oder verfallen, und die Mauren mussten es wieder herstellen. Waren gar die Westgoten weniger reinlich und vernachlässigten die von den Römern zurückgelassene Anlage? Wie auch immer. Hier an einem der Stadttore hatten die Anreisenden die Gelegenheit, sich körperlich und geistig zu reinigen, denn nebenan stand förderlich eine kleine Moschee.

Das Wasser wurde aus dem nahen Río Guadalevín per Wasserrad zum Bad gepumpt. Leistung: 1,0 ES (Eselstärke). Am anderen Ende befand sich das Heizhaus, dessen heiße Abgase unter den Fußböden hindurchgeleitet wurden und so das Gebäude heizten. Die Gewölbedecken sind für Belüftung und Beleuchtung durchbrochen.

Córdoba

Die schönste Art, sich Córdoba (arab. *Qurtuba*) zu nähern ist vom gegenüber liegenden Ufer des Guadalquivir. Noch vor den Römern hieß der Fluss Betis Fluvius und gab der römischen Provinz den Namen Hispania Baetica. Schon 169 v. Chr. besetzten die Römer hier eine iberische Siedlung direkt am Fluss, die sich langsam zur Stadt Corduba entwickelte. Vermutlich bauten sie sich eine kleine Brücke für den Warenverkehr mit den Bauern. Die moderne breite Römerbrücke mit ihren sechzehn Bögen ist wegen einer Grundüberholung gesperrt. Dieses fast zweitausend Jahre alte Bauwerk aus der Zeit Kaiser Augustus war Teil der Via Augusta, die von Rom bis nach Cádiz führte, Vorläuferin der Europastraßen, wahrscheinlich der E5. Über die Brücke wollten wir uns eigentlich geraden Weges der schönen Kulisse der Kalifenstadt nähern, im Hintergrund die Sierra Morena, das braune Bergland. Außerdem führt die Brücke direkt auf die *Mezquita* zu, auf die Moschee.

Der Umweg über die nächste Brücke entschädigt. Träge fließt das Wasser zwischen den Pfeilern in Richtung Sevilla und Atlantik. Die Araber nannten ihn Wadi al-Kabir, Großer Fluss, und so heißt er heute noch, nur etwas anders geschrieben. Guadalquivir. Wir tauchen seitlich in das Straßengewimmel der Judería ein, der Altstadt der Juden und Araber, und plötzlich stehen wir vor der Großen Moschee. Die hohen Mauern leuchten hell im Licht des Vormittags, eine Festung des Glaubens.

Córdoba ist ab 716 die Hauptstadt des muslimischen Emirats al-Andalus. Kalif Abd al-Rahman I. beginnt mit dem Bau im Jahr 785. Politisch hat er mit Aufständen der Berberstämme und Widerstand der arabischen Aristokratie zu tun. Erst unter Abd al-Rahman III. tritt Ruhe ein, das Reich umfasst mittlerweile fast ganz Spanien und besitzt seine größte Ausdehnung. Er nimmt den Titel eines Kalifen an und führt das neben Bagdad und Konstantinopel bedeutendste Land im Mittelmeerraum. Das Umayyaden-Kalifat ist wohlhabend und kultiviert. Kastilien, León und Katalonien zahlen

Tribut an den Herrscher! In Córdoba leben fast eine halbe Million Menschen. Zwanzig Kilometer außerhalb der Stadt, wo die Hänge der Sierra Morena sanft in die *vega* des Guadalquivir abfallen, lässt der Herrscher die Palaststadt *Medinat al-Zahra* bauen. Doch zurück zur Moschee.

Al-Hakam II., der Nachfolger Abd al-Rahmans III., lässt den Bau erweitern. Als die Moschee fertig ist, ist sie die drittgrößte der Welt und die größte in Europa. Ihre Grundfläche ist so groß wie drei Fußballfelder (Allah möge mir den unheiligen Vergleich vergeben). Achthundertsechzig von uns nicht einzeln gezählte und betrachtete Marmorsäulen stützen die Doppelbögen, übereinander angeordnet. Der Wechsel von Ziegeln und Naturstein erzeugt die rotweiße Farbe der Bögen.

Al-Hakam II. widmet sich ganz der Blüte der Kultur, er schafft eine Bibliothek mit über 400.000 Büchern, und er führt den Bau von Medinat al-Zahra zu Ende. Das Emirat war ein Hort arabischer Kultur, wurde stetig unabhängiger von Damaskus und stellte seinen Reichtum zur Schau. Um 970, während der fünfzehn Jahre seiner Herrschaft, erreichte die »Kalifenkunst« ihre höchste Blüte. Das grandiose Bauwerk der Moschee wetteiferte mit denen von Damaskus und Kairo! Schritt für Schritt delegiert der Kalif die politischen Tagesgeschäfte an seine Beamten und Generäle.

Als er stirbt, ist sein Sohn und Nachfolger *Hischam II.* noch minderjährig. Zunächst übernimmt seine Mutter die Führung, doch gelingt es dem Kämmerer *Abi Amir al-Mansur* (span. *Almansor*), den man mit einem Premierminister vergleichen muss, den jungen Thronerben von der Macht fernzuhalten. Während der junge Herrscher in Medinat al-Zahra residiert, verlegt der gewitzte Premierminister seinen Arbeitsplatz nach Córdoba zurück, mit ausreichend Abstand zu seinem Vorgesetzten. Der kümmert sich um die schönen Künste und die Philosophie. Doch auch Almansor macht sich um Córdoba verdient. Er festigt die Macht der Umayyaden und unterwirft die drei Provinzen Kastilien, León und Katalonien vollends.

Nach Almansors Tod im Jahr 1002 kommt es wiederholt zu Aufständen und Machtkämpfen. 1009 werden Hischam II. und der Nachfolger Almansors gestürzt. Alte Fehden zwischen Berbern und Arabern brechen wieder aus. In Córdoba kommt es zu Plünderungen. Es entsteht ein Machtvakuum, infolge dessen einige Provinzen vom Kalifat abfallen und sich lokale Kleinfürsten zu Taifa-Königen ernennen. Im Jahr 1031 wurde *Hischam III.* von den Honoratioren von Córdoba seiner Macht enthoben und gefangen genommen. Das Kalifat war zu Ende. Hischam III. flieht und stirbt im Exil.

Die Moschee überdauerte diese Unruhen und ist uns als eine der größten Erbschaften der Kalifen erhalten geblieben. Schon im römischen Corduba soll hier ein Tempel gestanden haben. Darüber bauten die Westgoten die St. Vincent-Basilika. Bei Bauarbeiten wurden drei Meter unter dem Fußboden der jetzigen Moschee Reste eines Mosaiks dieser Kirche freigelegt. Die katholische Kirche klammert sich jetzt hartnäckig an dieses Zeitzeugnis, um ihre Erstlingsrechte an dem geweihten Ort zu ›untermauern‹. Sie beklagt eloquent die damalige Zerstörung der St. Vincent-Kirche durch Abd al-Rahman I. zugunsten einer Moschee und nennt die Zeit der kulturellen Blüte und der Ausstrahlung auf die gesamte abendländische Welt abwertend ›Die islamische Intervention‹. Die kulturelle Liberalität der maurischen Fürsten nennt sie das »Klischee der Toleranz« und hinterfragt die philosophische Einstellung, die dem Wirken der maurischen Herrscher zugrunde lag. Vielleicht soll die Rhetorik ein wenig von der gewaltigen Zäsur ablenken, die dem gesamten Land widerfuhr und die gewaltsame Veränderung, die die großartige Moschee durch den Einschub einer christlichen Kathedrale erleiden musste.

Sieger-Gehabe. Noch im Jahr der Eroberung Córdobas durch Ferdinand III. wurde die Moschee wieder zur Kirche geweiht. Später billigte Karl V. den massiven Einschnitt in die Architektur. Genau in der Mitte wurde Platz geschaffen für eine Kirche aus gotischen, byzantinischen und barocken Stilelementen. Als er das

Ergebnis betrachtete, soll er gesagt haben: »Hätte ich gewusst, um was es sich hier handelt, ich hätte nicht erlaubt, dass man Hand an das alte Gebäude legt. Ihr habt getan, was möglich war, um etwas zu erbauen, was es andernorts schon gibt. Dafür habt ihr etwas zerstört, was einmalig in der Welt war«. Nachträgliche Imagepflege eines Biographen? Im Jahr 1523 wurde mit dem Bau der Kathedrale in der Moschee begonnen, zweihundertdreißig Jahre dauerte er. Historiker glauben, dass ausschließlich Geldmangel den weiteren Rückbau des maurischen Erbes verhinderte.

Das Straßenpflaster ist hart und strengt die Fußsohlen an, und das Tageslicht ist grell und fällt fast senkrecht und wirft kaum Schatten in die vielen schmalen, verwinkelten Gassen der Judería. Doch die müssen erwandert sein. Über dreihundert Synagogen gab es zu Spitzenzeiten in der Stadt. Heute steht noch eine, und die ist geschlossen. Zum Glück gibt es ausreichend Tapas Bars und schattige Höfe zur Erfrischung und Erholung.

Angenehm zu besichtigen ist ein Haus, das angeblich im Stil eines wohlhabenden Mauren eingerichtet ist. Der Innenhof ist überraschend kühl, ein Dach von üppigem Laub schützt ihn vor der Sonne. Die »gefühlte Wärme« wird gleich angenehm erträglich. Irgendwo plätschert ein verborgener Brunnen, der noch einmal zwei bis drei Grad Celsius absorbiert, das bringt »gehörte Kühle«.

Drei große Söhne der Stadt werden durch Denkmale verehrt: Seneca, Averöes und Maimonides. Seneca starb 65 n. Chr. in Rom, die beiden anderen waren sogar Zeitgenossen, Averöes starb 1198 in Marakesch, Maimonides 1204 in Cairo.

Der Philosoph Seneca wurde 1 v. Chr. geboren und arbeitete, jobbte, als Rhetoriker und Autor in Rom. Er schuf eine wichtige Schule der Rhetorik in der frühen Kaiserzeit, fiel jedoch bei Caesar Claudius in Ungnade und wurde nach Korsika verbannt. Im Jahr 48 rief ihn die in Oppidum Ubiorum (=Köln) geborene Kaiserin Agrippina d. J. zur Erziehung ihres Sohnes Nero nach Rom zurück. Dort leitete er von 54 bis 59 als Konsul zusammen mit Burrus die Reichspolitik. Seneca wird nach dem Scheitern der Pisonischen

Verschwörung der Mitwisserschaft bezichtigt und von Nero zur Selbsttötung gezwungen. Sein Denkmal steht an der alten Stadtmauer gleich bei der Puerta de Almodóvar unweit des nach ihm benannten Hostal Seneca.

Averröes (Ibn Ruschd oder Abu al-Walid Muhammad ibn Ahmad ibn Muhammad ibn Rušd) war Mystiker, Philosoph und Hofarzt der Almohaden. Er verfasste eine medizinische Enzyklopädie und einen Kommentar zu fast jedem Werk des Aristoteles. Für ihn vermittelte nur die Logik einen Weg zu menschlichem Glück. Die Daten der Sinne führten über die Logik zur Erkenntnis der Wahrheit. Die Logik als Gesetz des Denkens und der Wahrheit wird von den orthodoxen Muslimen bis heute vehement abgelehnt. Wir finden sein Ehrenmal an der Stadtmauer.

Mosche ben Maimon (Moses, Sohn des Maimon) ließ seinen Namen latinisieren und nannte sich offiziell Maimonides. Er war Jurist, Arzt, Philosoph und der bedeutendste jüdische Gelehrte des Mittelalters auf dem Gebiet der Religionsphilosophie. Er versuchte, den Widerspruch zwischen dem offenbarten Gotteswort und philosophischer wie naturwissenschaftlicher Erkenntnis durch eine allegorische Lesart gewisser Texte aufzulösen. Seine eigenwillige Denkweise löste heftige Debatten aus und beeinflusste religionsphilosophische Dispute sowohl im Judentum als auch bei den Christen. Er trug stark zur Systematisierung des jüdischen Rechts bei. Nach der Machtübernahme durch die intoleranten Almohaden wurde seine Familie gezwungen, zum Islam überzutreten oder auszuwandern. Ab 1165 lebte er in Kairo als Arzt und Repräsentant der ägyptischen Judenheit. Seine Bronzestatue zeigt ihn sitzend in einer winzigen, schattigen Ausbuchtung der Calle Judío.

So können wir uns innerhalb einer halben Stunde dreimal daran erinnern, welch bedeutende geistige Beiträge drei gebürtige *cordobeses* der Welt hinterlassen haben, ein Römer, ein Jude und ein Araber.

Almodóvar del Rio

In großen Schleifen mäandert der Guadalquivir, von Córdoba kommend, in Richtung Atlantik. Wegen seiner Breite und weil seine Höhe auf einer Luftlinienentfernung von knapp 200 Kilometern von der Mündung in der Bucht von Cádiz bis Córdoba nur 90 Meter zunimmt, war er in römischen und maurischen Zeiten bis dort mit Lastkähnen befahrbar, ganze 180 Luftlinienkilometer. Er ist überhaupt der einzige schiffbare Fluss Spaniens, jedoch heute nur noch 70 Kilometer von der Mündung bis Sevilla hinauf.

Er ist die Lebensader der vega, dieser breiten, fruchtbaren, flach gemuldeten Aue. Niedrige Hügelketten schützen sie gegen die harschen Winde aus der serranía, dem Bergland, das im Winter Schnee trägt. Schon von weitem entdecken wir in der diesigen Nachmittagsluft den einsamen Felssporn auffällig hoch aus der Vega hervorstehen, flussabwärts gut zwanzig Kilometer von Córdoba entfernt. Der steile Abhang steht so eng am Ufer, dass für die später angelegte Bahnstrecke nach Sevilla ein Tunnel durch den Berg gegraben werden musste. Er war einmal der ideale Standort für die Burg, die wir besuchen wollen, *el Castillo Almodóvar*.

Wir folgen der Beschilderung an der schmalen Teerstraße und können bequem direkt vor dem Burgtor parken. So sparen wir unsere Energie für den anstrengenden Rundgang auf der inneren Mauer und treppauf, treppab durch die acht Türme mit den schönen Namen: Turm der Ehre, kleiner Turm, Turm des Mauren, quadratischer Turm, runder Turm, Schulturm, Horchturm, Turm der Glocken und Aschenturm. Der höchste ragt 130 Meter über dem Flussniveau auf. Wir haben eine fantastische Aussicht über alles, was sich unter uns in der vega bewegt. Völlig klar, dass dieser Punkt eine enorme strategische Bedeutung gehabt haben muss. Beeindruckend ist auch der patio de armas, der weite Waffenhof, auf dem sicher sehr viele Paraden und Appelle abgehalten wurden.

Heute befindet sich die Burg in Privatbesitz und wird kommerziell genutzt. Mitten im Waffenhof haben sie ein Zelt aufgestellt und Tische für ungefähr 200 Hochzeitsgäste gedeckt. Gerade stellt der DJ sein vergleichsweise winziges Mischpult zwischen die gigantischen Boxen. Überhaupt fällt uns auf, wie geschickt die alte, recht gut restaurierte Burg vermarktet wird. Die Anlage kann für Tagesaufenthalte mit Unterhaltungsprogramm, Theaterstücke, mittelalterliche Gelage, Führungen und für Bankette genutzt werden. Telefon, Fax, E-Mail Adressen, Internetpräsenz, alles ist bestens und wie selbstverständlich organisiert.

Das wäre um das Jahr 1900 nicht möglich gewesen. Nicht weil es noch kein Internet gab, sondern weil die Burg fast nicht mehr existierte. Die ganze alte Pracht war eingestürzt, und die zwischen Turmstümpfen verbleibende Steinhalde war von Gras überwuchert, wie wir auf Fotos im Ausstellungsraum feststellen. Erst die Welle der Rückbesinnung auf die Kunst und das Talent der Mauren, die Anfang des 20. Jh. durch Spanien schwappte, führte zu Bemühungen, die verbliebenen Zeugen aus jener Zeit zu erhalten.

Wie kam es zum Verfall dieser wichtigen Festung?

Selbstverständlich fallen die Burgen der Mauren nach der Rückeroberung in den Besitz der Krone, also des Staates. Bewohnt und verwaltet werden sie mit Steuergeldern durch Angehörige des Königshauses oder dafür als Verwalter eingesetzte Mitglieder des höheren Adels oder der Beamtenschaft. Als die Euphorie der *reconquista* und die Erwartungen in die Eroberung der Neuen Welt im 16. Jh. verflogen sind, zwingen die Finanznöte der spanischen Monarchie zur Konsolidierung des Staatshaushaltes durch Verkauf von ›Tafelsilber‹, also öffentlicher Einrichtungen wie – eben – Immobilien. Der erste Versuch, Almodóvar im Jahre 1587 zu veräußern, löst im Städtchen Almodóvar del Río, gleich unterhalb des Kastells Unruhe aus und führte zu einmütigem Protest des Gemeinderates und wurde vereitelt. Ein zweiter Versuch wurde später unter der Herrschaft König Philips IV. unternommen, misslang aber ebenfalls.

In einem Dokument aus der gleichen Zeit kann nachgelesen werden, dass Philip IV. seinen Vertrauten das Vorrecht einräumte, ihm 17500 Untertanen abzukaufen. Das Ziel dieses Privilegs war das gleiche, nämlich Geld in die Staatskasse zu spülen. Interessant ist dabei, dass der Preis für einen Untertanen aus den Gegenden nördlich des Flusses Tajo 16.000 *maravedíes* kostete, für einen aus Landstrichen südlich des Tajo aber nur 15.000 maravedíes, ein Rabatt von 6,25%. Wofür, verschweigt die Quelle. So waren die Zeiten. Um die Staatsverschuldung zu bekämpfen, verkauft der Staat seine Bürger an andere Bürger.

Der maravedí (was nichts anderes als almoravidisches Geld bedeutet), eine Goldmünze von 3,8 Gramm, wurde nach 1170 unter Ferdinand II. von León gemünzt. Als die Rückeroberung des Landes aus maurischer Herrschaft vorankam, wurde sie durch andere Münzen ersetzt, denn sie war bilingual geprägt worden, um den Handel zwischen Kastilien und den Arabern zu erleichtern.

Auf diesem Umweg wird die Burg dann doch noch verkauft, und zwar durch den Verkauf ihrer Bewohner und aller Einwohner von Almodóvar del Río, dem Land und allen darauf stehenden Gebäuden. So geschehen kraft eines Dekrets, das 1629 in Madrid erlassen wird. Für eine Summe von 15.135.421 maravedíes für Herrschaft und Jurisdiktion über die Gemeinde sowie 1.500.000 maravedíes für die Hoheit über die Burg ist Don Francisco del Corral y Guzmán neuer Besitzer. So gelangen Burg und Stadt mit allen ausgedehnten Ländereien unter die Verwaltung der Familie Corral. Der Kaufpreis wird angesichts der großen Aufgaben allgemein für zu hoch gehalten, wird jedoch zum vereinbarten Termin in voller Höhe bezahlt und der Deal ist damit rechtskräftig. Als 1746 ein Prüfungsausschuss die Möglichkeiten eruieren soll, ob zugunsten der Krone zurückzufordern sei, was vor über 100 Jahren an Don Francisco del Corral verkauft worden war, muss in *San Lorenzo del Escorial* in einer königlichen Urkunde angeordnet werden, den Besitzstand nicht anzutasten. Der Verkauf war in Ordnung, für die Burg begann eine neue Epoche.

Der Ursprung der Festung soll iberischen Ursprungs sein, später wird sie römisches Kastell. Die Mauren nehmen die Burg zu

Beginn des 8. Jahrhunderts in Besitz und bauen sie bis etwa 1200 zum heutigen Umfang aus.

Auf der Internetseite der heutigen Burgverwaltung und im Ausstellungsraum der Burg kann man folgendes nachlesen:

741 ernennt der Kalif von Damaskus *Abd el Malik ben Qatan* zum Emir und zum ersten Herrn von Almodóvar. Im Jahre 759 sucht der letzte Herrscher des von Córdoba abhängigen Emirats hier Schutz: *al-Fihrí*, der von Abd al-Rahman I. besiegt worden war.

Etwas später, im Jahre 770 findet in der Nähe von Almodóvar die Schlacht von Munbassar am Fluss Bembézar statt. Abd al-Rahman I. und sein Vetter Abd el Malik ben Qatan kämpfen vereint gegen den aus Sevilla anrückenden *Abd-el-Gaffir al-Yamani*, der sich in einem Aufstand Córdobas bemächtigen will. Die Rebellion wird niedergeschlagen, während Abd al-Rahman auf Almodóvar weilt. Zum Beweis werden ihm die abgeschlagenen Köpfe vieler Rebellen vorgeführt. Während des Kalifats Abd al-Rahmans III. im Verlauf des 10. Jh. wird Almodóvar erweitert und zusätzlich befestigt.

Während der Dauer des Kalifats ist die Burg Eigentum Córdobas. Die Eigentumsverhältnisse sollen sich aber mit dem Wandel der hispano-muslimischen Regierungen ändern. 1031 bricht mit der Absetzung Hischams II. das Umayyaden-Kalifat in Córdoba zusammen. In dieses Machtvakuum hinein bilden sich mehrere Kleinkönigreiche, taifas, die miteinander konkurrieren und so zu einem kulturellen Aufschwung führen. Aber sie bekämpfen sich auch militärisch. So spielt Almodóvar wieder einmal eine wichtige Rolle in den zahlreichen Kriegen, die die Muselmanen unter sich austragen.

1085 wird Toledo von den Christen erobert. Die taifa-Könige erkennen die wachsende Gefahr und ersuchen die *Almoraviden* im heutigen Marokko um Unterstützung. Die setzen nach Spanien über und fügen den Kastiliern 1086 nahe Badajoz eine empfindliche Niederlage bei, sind nach näherem Hinsehen aber über den lockeren, dekadenten Lebensstil in den taifas entsetzt und räumen auf. Schließlich unterwerfen die puritanischen Almoraviden die taifas unter ihre Herrschaft.

Zum Ende der taifa von Córdoba im Jahr 1091 und der Eroberung der Stadt flieht *Yussuf ben Tachfin* mit seiner Armee nach Almodóvar und igelt sich dort ein. Wenige Monate später, im September desselben Jahres kommt das endgültige ›Aus‹ aller taifas und der Beginn des Reiches der Almoraviden. Während dieser schwierigen Zeit gehört die Festung verschiedenen Besitzern. Zuerst wird sie zum Einfluss von Carmona gehören, wo sich die *Banu Birzal* selbst zu Königen erhoben hatten. Später gehört sie dem König von Toledo, *Ibn Dimun*, der sie als Residenz nutzte. Später wird die Burg Besitz der Könige von Sevilla, deren letzter der Poetenkönig *al-Mutamid* ist und es bis 1090 nutzt. Mit dem Zerfall des Reiches der Almoraviden und dem Aufstieg der *Almohaden* im 12. Jh. wechselt die Burg erneut in den Besitz von Córdoba. Man kann die Bedeutung der Anlage daran ermessen, dass ihre Besitzer während der ersten Jahrhunderte der muslimischen Besetzung mehrheitlich Könige sind. Zuerst während des Kalifats und später während der Imperien der Almoraviden und *Almohaden* gehört Almodóvar immer zu Córdoba.

Der Bericht unterstreicht die strategische Lage der Burg auf einem fast uneinnehmbaren Felsvorsprung in Kontrolle der wichtigen Fluss- und Landverbindung zwischen Córdoba und Sevilla. Er betont, dass ihre militärischen Vorzüge bei jedem Herrscher eine wichtige Rolle spielen. Heute eine halbe Autostunde, damals eine Tagesreise von der Hauptstadt entfernt, ist sie für alle Reisenden sozusagen ein Pflichtaufenthalt.

Schon als die spanischen Spatzen die Rückeroberung von Córdoba von den Dächern pfeifen, um Pfingsten 1226, soll Almodóvar einmal mehr Zeuge von Kämpfen sein, die die Muslime unter sich austragen. In diesem Stadium der Entwicklung lässt sich ein Adliger von Baeza, genannt *al-Bayyasí*, auf der Burg zum König krönen. Hierdurch wertet er Almodóvar auf. Er erhebt sich gegen die Herrschaft der Almohaden und schließt eine Allianz mit dem kastilischen König. Als dies den Herrschenden in Córdoba zu Ohren kommt, verfolgten und besiegten sie ihn. Trotz seiner Niederlage kehrt er nach Córdoba zurück, um dort Schutz zu suchen. Aber er findet die Stadt verschlossen und wendet sich wieder zur Festung Almodóvar, die er treu auf seiner Seite wähnt. Sein eigener Wesir jedoch zieht es vor, sich beim muslimischen König von Sevilla beliebt zu machen und schneidet ihm vor der Burg den Kopf ab. Als sie den Kopf al-Bayyasís nach Sevilla tragen, um ihn seinem Feind, dem König vorzuführen, stößt der eine Stange, die er gerade in der Hand hielt, auf obszöne und beleidigende Weise in den Kopf hinein. Ein Familienangehöriger des toten al-Bayyasí beobachtet das und rächt die Ehrenverletzung, indem der den König von Sevilla auf der Stelle mit seinem Schwert erschlägt. Als Folge entwickelt sich ein blutiges Gemetzel zwischen den beiden Gruppen.

Nach der reconquista von Córdoba durch Ferdinand III. im Jahr 1236 setzt sich die Festung noch vier Jahre zur Wehr, wird aber letztendlich gestürmt und erobert. Das kastilische Heer soll laut Berichten der Chronisten die Burg stark verwüstet haben. Um der ungeliebten christlichen Herrschaft auszuweichen, verlassen Bewohner von Almodóvar del Río ihren Heimatort. Sie können erst zurückkehren, nachdem sie akzeptieren, Steuern zu zahlen.

Die christliche Rückeroberung kann nicht verhindern, dass Almodóvar 1275 noch einmal von 5000 Muslimen angegriffen wird, die mordend, schändend und plündernd heranziehen. Doch besetzen können sie die Burg nicht.

Der in Sevilla residierende Peter I. von Kastilien, genannt ›Pedro El Cruel‹, Peter der Grausame, lässt die Burg 1362, obwohl er Christ ist, im maurischen Stil restaurieren. Er schätzt die maurische Lebensart und lässt sich sogar ›Sultan‹ nennen. Im Verlies in Turm der Ehre hütet der habgierige Monarch seinen Schatz aus Silber- und Goldmünzen. 1366 entscheidet er sich, sein Vermögen auf dem Guadalquivir nach Sevilla zu transportieren. Das frei gewordene, geräumige und ausbruchsichere Verlies wird nun zum königlichen Gefängnis umgewidmet. Pedro I. hält hier auch Doña Johanna von Lara gefangen, die Frau des Kronprinzen Don Tello und Gräfin von Biscaya. Später ordnet er von Sevilla aus ihre Ermordung an.

Auch ein anderer König, Enrique II., nutzt die Burg zeitweise als Residenz. Auch er nutzt das Verlies und befiehlt, Don Fadrique einzusperren, seinen Onkel und Graf von Benavente, der hier stirbt. Im Jahre 1431 wird Egas Venegas, der sechste Fürst von Luque, mit Frau und Kindern wegen Hochverrats eingekerkert.

Wir können durch die Falltür hinuntersehen, es sieht wenig königlich aus. Man hat zwei Plastikskelette hineingelegt und einen einzelnen Schädel. Hilfe zum Ausbruch kann nur von oben kommen. Deshalb soll der Herrscher zur Abschreckung an der Kette zum Heben der Falltüre eine riesige, schwarze, giftige Spinne angebracht haben. Angeblich. Heute hängt dort ein nicht minder Furcht erregendes Kunststoffmodell von guter Handtellergröße.

Später verfällt das Gemäuer und gerät allmählich in einen bedauernswerten Zustand.

Per Definition sind Befestigungen und Burgen militärische Anlagen. Der Anlass ihrer Errichtung ist der Krieg, wie auch die Ursache ihrer späteren möglichen Zerstörung. Vom 15. Jahrhundert an sind Burgen im Kriegszustand eher unsicher denn nützlich, der Fortschritt und die Wirkungen der Waffentechnik haben die Möglichkeiten des Festungsbaus längst überholt. Beton und Stahlbeton waren noch unbekannt. Das logische und natürliche Ende einer Verteidigungsanlage ist letztlich ihre Ruine. Und damit beginnt die langsame und schleichende, aber sehr wirkungsvolle Zerstörung der Burganlagen durch ihre friedliche Nutzung als Steinbruch. Das Baumaterial aus Mauern und Türmen ist ideal für modernere, festere Wohnhäuser. Dies ist das Schicksal vieler Burgen im christlichen Abendland, auch das von Almodóvar. Bis es eben aus seinem Dornröschenschlaf aufgeweckt wird.

Wir schauen noch einmal zwischen zwei Zinnen hindurch und folgen dem Lauf des Flusses und den glänzenden, elegant geschwungenen Schienen des *Talgo*, dem spanischen ICE. Ganz fern steigt der weißgraue Rauch eines Feldfeuers auf. Die weite *vega* ist fast baumlos, darin verstreut liegen die hellen Gebäude kleiner fincas, und auf der anderen Seite blenden uns die weißen Häuser von Almodóvar del Río dicht unterhalb der Burg in der Nachmittagssonne, als suche das kleine Städtchen immer noch Schutz beim ›großen Bruder‹.

Medinat al-Zahra

Die Fahrt lohnt sich. Die »Stadt der Blume« liegt nur gut acht Kilometer westlich unweit der alten Landstraße, die durch das Tal des Guadalquivir nach Sevilla führt. Nach der Abzweigung sind es noch mal drei Kilometer querab zu den Hängen der Sierra de Córdoba, einem Ausläufer der Sierra Morena. Gleich unterhalb der Bewaldung breitet sich die Ruinenstätte majestätisch aus. Die Besucherzahl ist angenehm gering, verglichen mit den großen Sehenswürdigkeiten Andalusiens. Der kleine Parkplatz fasst nicht viel mehr als ein bis zwei Busse und einige Pkw.

Medinat al-Zahra ist nicht auf Ruinen von Puniern, Römern oder Westgoten errichtet worden. Nein! Diese Regierungsstadt für 25 000 Einwohner wurde auf der ›grünen Wiese‹ gebaut. Wäre sie heute intakt, sie würde alle anderen Paläste in den Schatten stellen. Im Jahr 936 begann Abd al-Rahman III. mit dem Bau, aber erst sein Sohn Al-Hakam II. vollendet ihn 976. Aber auf welch seltsamen Namen trägt die neue Regierungsstadt! Der Kalif unterstreicht seine jüngst erworbene Würde und Position mit dem Umzug aus dem engen Alcázar von Córdoba in die »Stadt der Blume«? Dokumente über diese Entscheidung gibt es nicht mehr, also wird gemutmaßt.

Die erste Vermutung: Abd al-Rahmans Lieblingsfrau heißt *Zahra*, die Blume. Sie stammt aus Granada und ist krank vor Heimweh. Ihr zuliebe baut er den Palast und lässt hunderte von Mandelbäumen pflanzen, um ihr zur Zeit der Blüte einen Blick wie auf die heimische Sierra Nevada zu bieten.

Die zweite Vermutung: Die christlichen Könige halten in den Pyrenäen maurische Gefangene fest und fordern Lösegeld. Frau *Zahra* möchte den Freikauf dieser armen Kreaturen mit ihrem Vermögen arrangieren. Die zurückkehrenden Gesandten berichten jedoch, dass es keine Gefangenen mehr gäbe, worauf sie das Geld in den Bau der Stadt investiert.

Die dritte Vermutung: Abd al-Rahman III. hat als Folge seiner neuen Stellung größere repräsentative Pflichten zu erfüllen als bisher. In der Würde eines Kalifen des gesamten islamischen Spaniens ist er den bedeutenden Monarchen der damaligen Welt gleichgestellt und benötigt schlicht und einfach einen neuen, angemessenen Arbeitsplatz.

Ich lasse dem Leser das Vorrecht, sich eine der drei Versionen oder eine Kombination daraus zu wählen, oder aber mir die einzig wahre, glaubwürdige Auslegung mitzuteilen.

Unter Nutzung der natürlichen Hanglage wird die Stadt in drei Terrassen angelegt, städtebaulich eine reizvolle Anordnung, die auch der hierarchischen Ordnung einhergeht. Die geteerte Zufahrtstraße endet oberhalb der Anlage, und man betritt das Areal durch das Nordtor, also an der höchsten Stelle. Der Blick über das zwanzig bis dreißig Kilometer breite und flache Tal ist einzigartig. Die Mäander des trägen Flusses können wir nur ahnen, nicht sehen, denn er ist an beiden Ufern bewaldet. Aber wir überblicken Ackerflächen bis zur serranía an der anderen Seite des Tals, und darin liegen verstreut kleine und große Siedlungen. Das Bild verströmt den Eindruck einer großen, friedlichen Aue mit fruchtbarer Landwirtschaft.

Wir betreten die obere Terrasse mit der damaligen Residenz und den Palästen, die mittlere muss eine ausgedehnte, wunderschöne Gartenanlage gewesen sein, und die untere war die Wohnstadt des Volkes. Das alles wird von einer starken Mauer umschlossen, die ein Rechteck von 1 500 mal 750 Metern Länge bildet. Der Standort der großen Moschee ist außerhalb der Wohnanlage und zur Achse des Rechtecks um etwa fünfundvierzig Grad abgewinkelt, streng in Ausrichtung nach Mekka.

Frischwasser wurde in großen Mengen mit Aquädukten aus der Sierra herangeleitet. In den Ausgrabungen sind Tonrohre für die Abwässer zu sehen. Es soll sogar Toilettenspülungen gegeben haben. Wahrscheinlich hat man aus dem Geruch in den älteren Palästen und Schlössern gelernt. Dann wäre diese Anlage sanitärtechnisch moderner gewesen als der Palast Ludwig XIV. in Fontainebleau.

Melancholisch stimmt, dass der »Stadt der Blume« leider nur ein kurzes Leben bleibt. Mit dem Fall der Herrschaft Hischams II. beginnt der Niedergang des Kalifats von Córdoba. Im Jahr 976 wurde das große Werk vollendet, aber schon 1010 beginnt die Zerstörung, nicht durch eine katholische Armee der reconquista, nicht durch die Truppen von Asturien und León. Nein! Es waren die ›eigenen Leute‹.

In Córdoba folgten einander in rascher Folge Kalifen der verfeindeten Parteien, der arabischen Aristokratie und der Berber-Stämme, acht in sechzehn Jahren. Während sich die Machtkämpfe unter den andalusischen Muslimen in Córdoba abspielten, strebten die Provinzen Autonomie an. Es begann die Periode der Taifa-Königreiche. Einige renitente Berbertruppen plünderten nicht nur die alte Hauptstadt, sondern auch die »Stadt der Blume«.

In folgenden Jahren wird die Stadt zum Trümmerfeld, dann als Steinbruch und Quelle für Baumaterial missbraucht. Als Palast und Kalifenresidenz gerät Medinat al-Zahra für Jahrhunderte in Vergessenheit. Die traurigen Überreste wurden von den Leuten in der Umgebung in Ermangelung besseren Wissens als »Córdoba la Vieja« bezeichnet, (Córdoba die Alte).

Erst im Jahre 1911 beginnen archäologische Ausgrabungen. Nach und nach wird die Residenz freigelegt. Das Ergebnis erregt weltweites Aufsehen. 1953 beginnt der mühsame Wiederaufbau des früheren Thronsaals aus Trümmerteilen und Fragmenten. Bis heute ist nur ein Zehntel der gesamten Fläche der Stadt freigelegt, und zwar der *alcázar*, Sitz und Festungsanlage des Herrschers. Er setzt sich aus dem privaten und dem öffentlichen Bereich zusammen, einschließlich der Wohnungen höherer Beamter.

Hier wird noch lange gegraben, gepinselt, gereinigt, gerätselt und katalogisiert. Aber materielle Schätze sind nicht zu erwarten, die wurden vor beinahe eintausend Jahren von den Berbern ›eingesackt‹. Medinat al-Zahra wird uns Einblicke in den hohen Stand der Ingenieurkunst, die Auswahl der Materialien und die maurische Lebensart gewähren.

Musik in Spanien

Konfuzius sagt:

»Willst du wissen, ob ein Land gut regiert ist, so höre seine Musik.«

Im erweiterten Sinne verstehe ich daraus, dass der Ursprung von Musik eines jeden Volkes Objekt der Forschung und der Spekulation sein sollte, will man es verstehen. Im künstlerischen Nachlass früher Kulturen wird Musik häufig in Verbindung mit Göttern und deren Anbetung dargestellt oder in Zusammenhang mit Zeremonien wie zum Beispiel der Bestattung von Pharaonen, bei der immer auch Götter anwesend sind. Dabei sind neben Instrumentalisten auch Sänger zu sehen. Also muss Musik, ob nun gesungen oder gespielt – oder beides – als edel, göttlich und erhöhend gegolten haben. Die Bilder zeigen Blas-, Saiten- und Schlaginstrumente. Zur Musik kommt der Tanz, was in den Mittelmeerkulturen ebenfalls früh nachgewiesen ist.

Da von den frühen Völkern wie Iberern, Kelten und anderen wenig über Musik überliefert ist, beginnen wir einfach bei den Römern. Deren Musik stand zu Anfang unter starkem Einfluss des griechischen kulturellen Erbes mit Schwerpunkt in ethischen und geistigen Werten. Später dann war die Musik als Begleitung zu kultischen, staatstragenden und zerstreuenden Handlungen nicht mehr wegzudenken wie bei Totenfeiern, bei privaten Festen, als Signal beim Heer und der Reiterei, bei Triumphzügen oder im Zirkus, wie wir das aus Cäsarenfilmen kennen.

Die Christen lehnten die römische Musik ab, da sie häufig in kultische (heidnische) Praktiken eingebunden war oder mit bestimmten offiziellen Handlungen, die explizit gegen die Christen gerichtet waren. Es gab Bestrebungen, die alten musikalischen Traditionen bei den zum Christentum Bekehrten auszulöschen. Die frühen Christen pflegten den Gesang ohne Begleitung durch Instrumente oder gar rein instrumentale Aufführungen. Nur sehr langsam wird sich die Haltung der Kirche zu liturgisch integrierter Musik entwickeln, und dann über den Umweg der Volksmusik.

Das älteste Instrument ist die Flöte aus Schilfrohr, später aus Holz, Knochen, Elfenbein oder Metall. Von den Griechen kommen die *Kithara* und die Leier als Saiteninstrumente, später kommt durch etruskischen Einfluss die Tuba hinzu, ein gerades Rohr (*tubus*) aus Kupferbronze, das sich am Schallaustritt trichterförmig weitet. Das Horn (*cornu*) wird zuerst aus den Hörnern von Tieren gefertigt, später ebenfalls aus Bronze.

Das wichtigste fehlt: das Schlaginstrument. Als rhythmisches Wesen ist der Mensch durch Atem, Pulsschlag, Gehen schon seit seiner Frühgeschichte für das Schlagen irgendeines Gegenstandes empfänglich. Er braucht nur noch etwas mit einem entsprechenden Klang wie ein Stück Holz, eine Kalebasse oder ein Stück gespanntes Fell, und los geht's. Dabei weiß er früh zwischen Schlaginstrumenten mit festem Ton und variablem Ton zu unterschieden. In der Rhön wurden vorrömische Trommeln aus gebranntem Lehm gefunden, die zur Bespannung seitlich unterhalb der Schallöffnung einen Kranz von fünfzehn Ösen aufweisen. Die Römer benutzten die *Kymbala*, das *Tympanon* u. a.

Dies mag das musikalische Umfeld sein, das die Westgoten auf der iberischen Halbinsel vorfinden, als sie 507 die Pyrenäen überqueren. Sie werden 570 das römische *Toletum* zu ihrer *ubs regia* küren, der Hauptstadt ihres Reiches. Sie sprechen von früheren Kontakten her wie die Römer lateinisch, dennoch lässt sich ein nennenswerter Einfluss auf die Musik nicht ermitteln. Aber sie bringen aus Rom das Christentum mit, das von jetzt an auf der iberischen Halbinsel Fuß fassen wird.

Zweihundert Jahre später erobern die Mauren innerhalb weniger Jahre die gesamte Halbinsel bis auf das Gebiet von Galizien und dem Baskenland im Nordwesten. Nur ein kleiner Fürst, Pelayo (Pelagius), verteidigt im Jahr 722 sein westgotisches Asturien gegen die vordringenden Araber erfolgreich. Er gibt so das Signal für die künftige reconquista. 1085 wird Toledo wieder christlich, und im Jahr 1265 endet die erste Etappe der Rückeroberung.

Nur das Nasriden-Sultanat Granada bleibt in maurischem Besitz und erlebt eine ganz eigene kulturelle Blüte. Die Araber hatten ihre eigene Musik mitgebracht, die sie weiter pflegen. Eine Vermischung mit lokalen Musiktraditionen ist nicht bekannt. Die arabisch-andalusische Musik ist uns nur durch mündliche Überlieferung bekannt. Ihre Wurzeln liegen in der vorislamischen Zeit. Bis zum mittleren 7. Jahrhundert ist die musikalische Kultur der arabischen Welt bestimmt durch die *qaina*, eine Sängerin und Dienerin zugleich, die ihre Zuhörer mit Wein, Gesang und Erotik unterhält. Sie ist hoch angesehen und trägt zeitgenössische Poesie vor. Sehr wahrscheinlich spielt sie dazu auf der Kurzhalslaute *Ud*. Mit dem Artikel *la* wird daraus *la-ud*, bei uns Laute eben.

Mit dem Beginn des Islam wird vom *Qur'an* der Genuss von Wein, anthropomorphische und tiergestaltliche Darstellung explizit verboten. Bei der Musik ist der Koran nicht eindeutig, sie wird weder klar erlaubt noch ausdrücklich verboten. Mit dem Aufschwung der arabischen Welt und der raschen Eroberungen weiter Gebiete von Phönizien bis zum Maghreb und schließlich dem Einfall auf die iberische Halbinsel gelangt die arabische Musik ab dem Jahr 711 nach Europa.

Im Jahr 822 kommt ein begabter Musiker namens *Ziryab* aus Bagdad nach *Córdoba* an den Hof Abd al-Rahmans II. Dort gründet er ein Konservatorium, führt Gesänge altgriechischen und persischen Ursprungs ein und erfindet eine neue Laute, indem er den Hals verlängert und eine fünfte Saite anbringt. Durch ihn entsteht ein großer Einfluss auf die Musik des europäischen Mittelalters. Viele Musikabhandlungen aus dem 9. bis 13. Jh. sind in allen wichtigen Klöstern Europas geschätzt. Spuren dieses Einflusses lassen sich in den Gesängen der frühmittelalterlichen Christen in Spanien und Südfrankreich bis hin zu den Gregorianischen Gesängen feststellen. Der höfische Gesang durch wandernde Troubadoure und Minnesänger ist ganz sicher von der arabischen Liedkultur beeinflusst.

Neben der Laute kommen das *Rebec*, ein Vorläufer der Violine, das *Psalterion*, eine verwandter der Zither, die Fidel, die *bug* (kleine Flöte), die *darabukka* (arabische Trommel), die *ghaita* (Dudelsack) und die Orgel griechischen Ursprungs nach Europa. Das erste Modell hieß *hydraulis* und wurde 246 v. Chr. von *Ktesibios* in Alexandrien gebaut. Der Name verrät, dass der Luftzug zum Anblasen der Pfeifen durch Wasser erzeugt wurde. Blasebälge kamen erst viel später auf. Das Instrument wurde von den Römern übernommen und zum Begleiten von Zirkusspielen verwendet. Es muss sehr laut gewesen sein.

Alfonso X. el Sabio, Alfons der Weise, versammelt im 13. Jh. an seinem (christlichen) Hof in Toledo die bedeutendsten Musiker jüdischer, christlicher und arabischer Herkunft. Hier gründet er die berühmte Übersetzerschule von Toledo. Sie ist der große Vermittler griechischen, arabischen und jüdischen Wissens in das noch ruhig schlummernde christliche Europa, die Renaissance ist noch 200 Jahre weit weg. Alfons lässt das Alte Testament aus der *Vulgata*, der lateinischen Fassung, ins Spanische übersetzen, und ordnet an, öffentliche Urkunden in der Landessprache abzufassen. Er gründet die Universität von Salamanca, an der neben Arithmetik, Astronomie und Geometrie auch Musik gelehrt wird, das *Quadrivium*, das zusammen mit dem vorangehenden *Trivium* das Studium der »Sieben Freien Künste« ergibt.

Die Erneuerung der arabischen Musik und Lebensart auf iberischem Boden unter Ziryab in Córdoba geht also einher mit dem Aufbruch Europas in Richtung Neuzeit, wenngleich parallel.

Im Nahen Osten verändert sich das Musikleben durch die Siegeszüge und Eroberungen der Türken und Perser ab dem 13. Jh. Neue kulturelle Einflüsse greifen Platz. War bisher Bagdad das kulturelle Zentrum der arabischen Welt, verlagert es sich ab dem 16. Jh. nach Istanbul in den Machtbereich der Osmanen. Die Bedeutung Bagdads und Medinas sanken auf ein Minimum. Der folgende soziale und geistige Abstieg brachte die klassischen arabischen musikalischen Traditionen fast zum Erlahmen. Das soll sich ab dem 19. Jh. nach der Befreiung von den Osmanen ändern. Erst dann wird die arabische Welt ein neues Selbstbewusstsein entwickeln.

Zurück nach Europa in das Jahr 1425! Die *gitanos* kommen über Nordafrika in Spanien an. Sie waren erst einmal willkommen und genießen Unterstützung in vielen Gemeinden und Städten bis 1492 die ersten Anti-Zigeuner-Gesetze erlassen wurden. In der allgemeinen Auffassung sind die *gitanos* fest mit dem Flamenco verbunden, obwohl seine Entstehung erst in der zweiten Hälfte des 18. Jh. nachgewiesen ist, vermutlich durch erste Aufzeichnungen. Diese einzigartige Andalusische Musikkunst wurde innerhalb der Familien oder der Sippen gepflegt und mündlich von Generation zu Generation weitergegeben. Gespielt wurde sie zu besonderen Festen oder Feiertagen. Flamenco ist im Ursprung nie öffentliche Darbietung, bis seine Elemente durch Komponisten übernommen wurden und so eine weite Öffentlichkeit auf ihn aufmerksam gemacht wird.

Woher der Begriff *flamenco* stammt, ist mehr als unsicher, es gibt vier Theorien, die man im Internet nachlesen kann. Mit seinem Feuer, seiner Inbrunst, dem *cante*, den *palmas* und der *guitarra* und, wenn getanzt, dem aufreizenden *zapateo* hat sich diese Musikform für den normalen Nordeuropäer derart in den Vordergrund geschoben, dass man sie eigentlich unmittelbar mit dem ganzen Land assoziiert. Die Verwendung von Themen aus diesem Genre in populärer Klassik wie in Bizets *Carmen*, Lalos *Symphonie Espagnole*, Rimski-Korsakows *Capriccio Espagnol* oder den Werken von Rodrigo, Albéniz und de Falla hat den Flamenco fest im Erbe der Weltmusik verankert.

Wenn wir aber an klassische Musik denken, seien wir mal ehrlich, ist Spanien aus der Sicht Kerneuropas weit weg an der Peripherie, sehr im Gegensatz zu Malerei und Literatur. In der Musik ist Spanien beinahe eine *terra incognita*. Einen ›roten Faden‹ durch die Entwicklung der spanischen Musikkultur in Renaissance, Barock, Rokoko bis hin zur Romantik wird man erfolglos suchen, verglichen mit unseren starken Bindungen nach Italien, Frankreich, den Niederlanden und, in jüngerer Zeit, auch nach Russland. Spanien drängt sich nicht gerade auf. Während im 16. Jh. noch ein reger Austausch durch Drucke von Musikliteratur in Paris, Löwen (Belgien), Prag und Venedig herrscht, zieht sich Spanien im 17. Jh. von der europäischen Entfaltung zurück. An der reichen Entwicklung der europäischen Musikvielfalt (Symphonien, Messen, Opern, Oratorien, der symphonischen Dichtung) nimmt das Land nicht teil.

Das mag auch politische Gründe habe, denn in dieser Zeit schwindet der Einfluss des spanischen Reiches. Anfangs des 19. Jh. unterwarf Napoleon die gesamte iberische Halbinsel. Die Ideen der französischen Revolution verbreiten sich nach Lateinamerika, es folgt die Unabhängigkeit für den Großteil des spanischen Kolonialreiches außer Kuba, den Philippinen und ein paar kleinerer Besitzungen. Doch auch dort gärt es, Rebellionen sind an der Tagesordnung, die die Kolonialmacht mit äußerster Härte beantwortet.

Im Jahr 1898 greifen die USA mit handfesten Eigeninteressen in die Entwicklung ein. Die Explosion der USS Maine im Hafen von Havanna löst den Spanisch-Amerikanischen Krieg aus. Spanien verliert alle Kolonien und ist vor der Welt gedemütigt. Dieses Desaster erschüttert das Selbstverständnis der alten Führungseliten bis ins Mark und wird als nationale Schande empfunden.

Eingangs des 20. Jh, als das politische Spanien noch seine Wunden leckt, erlebt das Entzücken der europäischen Musikwelt über musikalische Impressionen aus der iberischen Halbinsel ihren Höhepunkt, besonders im benachbarten Frankreich. Albéniz lebt schon einige Jahre in Paris. Debussy arbeitet an seinem Orchesterwerk *Iberia*, Ravel beginnt mit den beiden Kompositionen *L'Heure espagnole* und *Rapsodie espagnole*. Manuel de Falla kommt nach Paris mit seiner preisgekrönten, aber noch nicht aufgeführten Oper *La vida breve* (Das kurze Leben). Kein Wunder, dass der kleine, große Andalusier mit offenen Armen empfangen wird.

Der erste Weltkrieg und der spanische Bürgerkrieg, dicht gefolgt von Weltkrieg II machen alle Blütenträume zunichte, und auch während des Franco-Regimes nach 1945 ist von einer gewollten Öffnung Spaniens in Richtung Europa nicht viel zu spüren. Das hat sich mittlerweile erfreulich geändert. Die neue Republik und die Europäische Union haben Distanzen schrumpfen lassen, auch in den Köpfen.

Das heutige Spanien ist sich mit Stolz seiner *arabic connection* bewusst. Musikwissenschaftler folgen den Fluchtwegen der ab dem 13. Jh. verfolgten Mauren aus Córdoba, Valencia, Sevilla und ab 1492 aus Granada. Sie haben sich immer in ganzen Sippen an ihren neuen Wohnorten niedergelassen, wie in Tlemcen, Tunis, Fez, Tetuan und Chauen, auf diese Weise hat sich dort die alte Musiktradition in reinster Form erhalten. Wir entdecken eine CD mit arabo-andalusicher Musik, von einem Madrileñer Sextett sogar auf authentischen Instrumenten gespielt, für unsere westlichen Ohren ein gewöhnungsbedürftiger Schmaus.

In Kontrast dazu steht Musik einer Gruppe, die man zum Flamenco-Pop oder Flamenco-Jazz zählen kann. Vor zehn Jahren beginnt sie mit einer Aufnahme im Hinterzimmer. Die Musik wird auf Laute, Oboe, türkischer Ney-Flöte und arabischer darabukka dargeboten, unterstützt von Bongos, E-Bass, Sopransaxophon, Flamencogitarre, E-Gitarre, und Vocals. Das Repertoire umfasst *Jota*, *Bulería*, *Canción Sefardí*, kastilische Volkslieder, algerischen Chaabi, Flamenco Tango (nicht zu verwechseln mit dem Argentinischen) und Berber-Rhythmen, die bis ins Andalusische zurückreichen. Beim Hören glaubt man, am Strand von Tarifa am südlichsten Punkt Spaniens zu stehen und den heißen Wüstenwind zu spüren, der von Marokko herüberweht.

Manuel de Falla

Um klassische spanische Komponisten aufzuzählen, die ich kenne, brauche ich noch nicht einmal die Finger einer Hand. *Isaac Albéniz, Joaquín Rodrigo, Enrique Granados und Manuel de Falla*. Aus. Bei den Interpreten sieht das schon etwas besser aus: *Pablo Casals, André Segovia, Narciso Yepes, Plácido Domingo, Montserrat Caballé, José Carreras, Paco de Lucía, Julio Iglesias, Manitas de Plata*. Trotzdem ist mein Einblick in die spanische Musik minimal und beschränkt.

Immerhin klickt es, wenn das *Concierto de Aranjuez* ertönt oder die *Fantasía para un gentilhombre*. Das kann nur *Joaquín Rodrigo* sein. Umso erfreuter waren wir zu erfahren, dass es in Granada, gleich unterhalb der *Alhambra* ein *Centro Cultural de Falla* gibt. Da kommt einem sofort die Suite für Klavier und Orchester »Nächte in spanischen Gärten« oder die Ballettmusik »Der Dreispitz« ins Ohr, *El sombrero de tres picos.*, nach einer Novelle von Pedro de Alarcón. Und es fällt auf, wie »spanisch« sie alle komponierten, wie sehr die drei Komponisten aus der Tradition ihrer Volksmusik und der ganz eigenen spanischen Musikkultur immer wieder schöpfen.

De Falla wird 1876 in *Cádiz* geboren. Nach dem Studium der Musik in Madrid geht er 1907 nach Paris. Der Zeit nach gehört er zu den Impressionisten, doch wird sein Stil mit zunehmendem Alter strenger und klassizistischer. Kontakte zu *Isaac Albéniz* beeinflussen ihn stark. Bei Beginn des ersten Weltkrieges kehrt er nach Paris zurück. »Der Dreispitz« wird 1919 in London in der Ausstattung von Pablo Picasso uraufgeführt. 1921 siedelte er nach Granada über und bezog 1922 zusammen mit seiner Schwester *María del Carmen* sein kleines Haus in der Straße *Altequeruela Alta*, das wir besichtigen konnten. Der Führer erklärt uns, dass *de Falla* nie heiratete. Seiner großen Liebe verbot der Vater die Heirat, weil Musikanten zu wenig verdienten.

Hier in Granada beginnt er sein Oratorium *Atlántida*. Seine sich verschlechternde Gesundheit zwang ihn zu langen Pausen, teilweise traten Lähmungen auf. Zusätzlich bedrückte ihn der 1936 beginnende spanische Bürgerkrieg. In den Wirren der beginnenden Kämpfe, am 19. August 1936 wird sein Freund Federico García Lorca unter mysteriösen Umständen erschossen. Als zusätzlich zu diesem persönlichen Verlust der zweite Weltkrieg heraufzieht, beschließt er zu emigrieren. Als er im September 1939 mit seiner Schwester nach Argentinien reist, lässt der 63jährige nicht nur seine besten Jahre hinter sich, sondern auch seine gesamte Habe (Möbel, sein Klavier, Bücher, Partituren, Korrespondenz) in seinem kleinen *carmen* zurück. Er stirbt 1946 in der Emigration in Alta Gracia, neun Tage vor seinem siebzigsten Geburtstag, ohne *Atlántida* vollenden zu können. Sein Körper wird nach Spanien überführt und in der Kathedrale seiner Geburtsstadt Cádiz bestattet. 1970 ziert sein Bildnis eine 100-Pesetas-Banknote von Spanien.

Nach *Manual de Fallas* Tod beginnt sein Bruder *Gérman*, den Nachlass des Komponisten in *Cádiz* zusammenzutragen und durch unfertige Arbeiten, die *María del Carmen* aus Argentinien holt, vervollständigen. 1965 beschließt der Rat der Stadt Granada, sein Häuschen als Museum zu eröffnen und richtet es mit den ursprünglichen Möbeln und Gegenständen des Komponisten so ein, wie er es verließ. Wir vermuten anhand der Länge seines Bettes und der Größe verschiedener Möbel, dass er klein von Statur gewesen sein muss. Der Führer bestätigt, er war nur einen Meter sechzig.

Schräg oberhalb des Häuschens wurde ein ausladendes, modernes Gebäude mit Archiv, Ausstellungsraum und Konzertsaal errichtet, das davon zeugt, wie stolz Granada auf seinen ehemaligen Bürger ist.

Granada

Die *Madinat al-Hamra*, wörtlich: die rote Stadt, also was wir heute mit Alhambra bezeichnen, will erobert sein. Eintrittskarten werden im Voraus bei der BBVA gebucht, einer Bank. Wir bekommen Nachmittagstickets, die uns zum Besuch der Gärten *Generalife* um 14 Uhr berechtigen. Für den Eintritt in die Paläste steht dann ein Zeitfenster zwischen 15:30 und 16:00 offen. Danach schließt es sich unerbittlich wieder. Einmal drin, darf man bis zur offiziellen Schließung um 20 Uhr bleiben. Der Andrang ist so riesig, besonders seit die Anlage zum Weltkulturerbe erhoben wurde, dass man zu solch strengen Maßnahmen greifen musste. Im Klartext: die Karten sind rationiert, manche haben eine oder mehr Wochen gewartet, besonders zur Hochsaison. Man fragt sich, ob dieser Titel für einige Sehenswürdigkeiten der Welt nun zum Nutzen ist oder eher nicht.

Mit den Tickets im Kopf (sie sind am Eingang abzuholen) verlassen wir die Costa del Sol und erklimmen mit Leichtigkeit auf der guten Autobahn die 695 Höhenmeter. Unser »Navi« führt uns souverän, und unser Golf steigt noch mal 100 Meter Seehöhe bis vor das Objekt unseres Wissenshungers. Der schattige Parkplatz unter Bäumen direkt vor der Alhambra erscheint mit 42 Euro für den Tag etwas zu teuer. Wir rechnen das in Tapas um, fahren wieder runter in die Stadt und parken für ein Viertel des Preises an der Plaza de los Campos. Bis 14 Uhr ist noch viel Zeit, wir hatten uns früh auf den Weg gemacht.

Es ist Sonntagmorgen, die Viertel-Millionen-Stadt Granada gibt sich kühl, gelassen und ohne Hektik. Leider haben noch nicht so viele Cafés auf. Die junge Frau im Tourismusbüro empfiehlt das ›Futbol‹ zwei Blöcke weiter, aber das ist prompt überfüllt.

Gestärkt schlendern wir gemächlich in die Parkanlagen am Río Genil, und von dort geht es bergan durch das Viertel Realejo hinauf zum Kulturzentrum Manuel de Falla, schon wieder vor den Mauern der Alhambra. Der Blick zwischen den Häusern hindurch über die Stadt und das weite Tal ist umwerfend. An den fernen

Hängen am anderen Ende der Stadt, vor dem Beginn der Vega, lässt sich an der Zweckarchitektur der unzähligen Wohnblocks erahnen, wie sehr sich Granada erst in jüngster Zeit ausgedehnt haben muss. Den Blick wieder bergauf gewandt entdecken wir etwas, das Assoziationen zu Hausbesetzern weckt.

Wir genießen die Abgeschiedenheit und Ruhe des carmen, den Manual de Falla erwarb, als er von 1921 bis 1939 in Granada lebte. Doch darüber später. Ein carmen ist ein Stadthaus mit Landhauscharakter. Hohe Mauern umschließen Gebäude und Garten mit Blütenpracht und Brunnen, wehren den Lärm der Stadt und neugierige Blicke ab. Hier findet das gehütete Privatleben des *Granadino* statt.

Pünktlich sind wir am Eingang der Alhambra, wo bereits großer Andrang herrscht. Wir lassen unsere Tickets am Eingang scannen. Zwei mal piep, wir sind drin und folgen dem allgemeinen Schlurfen der vielen Füße in die wunderschönen Gärten. Mit Generälen haben sie allerdings nichts zu tun, wieder einmal ist der Ursprung arabisch. *Jannat al-'Arif* (ausgesprochen dschennet al arif) heißt nicht mehr als Garten des Architekten. Daraus wurde dann bei der Hispanisierung *Generalife*. In Wirklichkeit war es der Sommerpalast und Landsitz der Sultane von Granada, der im 13. Jh. von den Nasriden erbaut wurde. Gedacht waren die Gärten damals für die Versorgung der Bewohner der Madinat al-Hamra, also des Herrschers, seiner Familie, des Hofstaats und der zahlreichen Bediensteten. Da sie sich wohl kaum von Blüten ernährt haben, glaube ich, dass damals hier eher Obstbäume und Gemüsegärten angelegt gewesen sein müssen. Die heutige Pracht hat wahrscheinlich mit dem Original nur wenig gemein. Sei's drum!

Wir kommen an einer Freilichtbühne vorbei, auf der an bestimmten Abenden Musik- und Tanzvorführungen angeboten werden. Die Luft hier oben ist seidig, und der Duft der Rosen und Hibiskusblüten wirkt umso intensiver. Die Blumenbeete sind eingerahmt von geometrisch sauber getrimmten Zypressen und

Myrtenhecken. Kaum ein Geräusch aus der Stadt dringt herauf außer dem blechernen Klang einiger Glocken, die zum (christlichen) Gottesdienst rufen. Immer wieder haben wir einen herrlichen Ausblick auf die Alcazaba und die Nasridenpaläste drüben über dem Tal auf dem Felsrücken. Die Mauern und Türme in ihrer ockerroten Farbe gaben dem gesamten Ensemble seinen Namen: al-Hamra.

Mir kommt de Fallas Sinfonische Impression für Klavier und Orchester ins Ohr, die er 1915 vollendete: *Noches en los jardines de España*, Nächte in spanischen Gärten. Wie viele Künstler haben in der Zeit der europäischen Romantik über diesen Ort komponiert und geschrieben! Später in der *tienda*, im Laden, erwerben wir das Buch von Washigton Irving ›Erzählungen von der Alhambra‹, das wohl berühmteste Buch, das 1832 zum ersten Mal veröffentlicht wurde. Irving hat damals eine Zeitlang in einem Zimmer des damals noch verwahrlosten Palastes gewohnt, um sich ganz in die besondere Atmosphäre des Ortes einzufühlen.

Und dann sind wir an den Wasserspielen. Lang und elegant streckt sich der *Patio de la Acequia*, der Hof der Wasserleitung, rechts und links am schmalen Wasserbecken sind in kurzen Abständen Düsen platziert, die Wasser in unglaublich anmutigen Parabelbögen in das Becken speien. Zu beiden Seiten des Beckens sind Grünanlagen angeordnet, das ganze wird von leichten Dächern eingefasst, die auf verzierten Bögen ruhen. Sie spenden den Wandelnden Schatten aber auch Ausblicke über die weite Landschaft und immer wieder zur Alhambra hinüber, von der uns eine flache Mulde trennt. Links auf dem schmalen Felsrücken, den die Mauren *asabica* nennen, liegen die Paläste, rechts, zur Stadt hin, die alcazaba, die Zitadelle rund hundert Meter über Granada.

Das Grün der Gärten beruhigt die Sinne, und das dezente Flüstern des Wassers dämpft die Tageshitze. Am Ende thront hoch aufragend und doch leicht der *Mirador*, der Aussichtspunkt. Über eine Steintreppe gelangen wir in den höher gelegenen Teil des Gartens. Das Geländer ist massiv gemauert, der Handlauf ist aus

Marmor in Form einer Rinne gehauen und poliert, in der Wasser vom oberen Garten in den unteren fließt. Auf die Idee muss man erst mal kommen!

Wir hasten zum Eingang in die Nasriden-Paläste, unser Zeitfenster droht zuzuschlagen. Der Kartenknipser schaut schon mürrisch. Trotzdem stehen wir noch eine Viertelstunde Schlange, bis sie sich langsam und stockend in Bewegung setzt. Wir betreten den schönsten Teil des maurischen Erbes in Spanien!

Der erste Saal ist der *Mexuar* (arabisch *mashwar*), der wohl ein Ratssaal war. Schon beginnt unser Staunen über die hellen, reich verzierten Tragbalken und Kapitelle auf überschlanken Säulen und die vielfarbigen *azulejos* im Gehbereich. Doch dies ist nur ein Vorgeschmack. Das eher bescheidene Äußere der Gebäude lässt die Pracht und Vielfalt der Ausschmückung nicht vermuten. Die kalligrafische Inschrift am Eingang lautet übersetzt: »Tritt ein und trage dein Anliegen vor. Scheue dich nicht, die Gerechtigkeit zu erbitten, welche dir hier zuteil wird.« Demnach kann der Saal auch ganz oder zeitweise ein Gerichtssaal gewesen sein. Der wegen seiner Ausrichtung nach Mekka etwas schräg verbaut anmutende, schmale Nebenraum diente früher als Gebetsraum. Er bietet eine schöne Aussicht auf den *Albayzín*, die arabische Altstadt.

Wir betreten den *Cuarto Dorado*, den »Goldenen Saal«, den eine kunstvoll mit Blattgold verzierte Kassettendecke schmückt. Durch die Fassade des Comares-Palastes kommen wir in den *Patio de las Arrayanes*, auch *Patio de los Mirtos*, Myrtenhof genannt. Sein breites Wasserbecken, in dem sich Fische tummeln, wirkt entspannend auf uns. Der Name stammt von der Myrtenhecke, die das Becken säumt. Dies ist der Mittelpunkt der Herrscherbereichs, zwar immer noch repräsentativ, aber schon mit einem Hauch von Privatsphäre. Zum einen Ende hin spiegelt sich im Wasser der *Torre de Comares*, zum anderen Ende hin der Palast Karls V., der nach der Übergabe der Alhambra an die *reyes católicos* in das Ensemble hineingequetscht wurde.

Würdenträger, die dem Sultan ihre Aufwartung machen wollten, traten vom Myrtenhof zuerst in die *Sala de la Barca*, bevor sie in den Saal der Gesandten gelangten. Vermutlich leitet sich der Name Bootssaal von der Decke ab, die wie ein umgestülpter Bootrumpf anmutet. Vielleicht sind wir wieder einmal einem der vielen spanisch/arabischen Wortspiele aufgesessen. Erbaten sich die Besucher möglicherweise hier ihren letzten Segen von Allah, bevor sie das Gespräch mit dem Sultan begannen? Für manchen ging es um sehr viel, für wenige gar um die Existenz ... Auf Arabisch heißt Segen: *baraka*. Wer weiß.

Die *Sala de los Embajadores*, der Saal der Gesandten, der auch als Thronsaal dient, nimmt die quadratische Grundfläche des *Torre de Comares* ein. Der Raum hat die Form eines Würfels. Die dunkle *Artesonado*-Decke ist aus unzählbar vielen winzigen, dunkelbraunen Holzplättchen zusammengesetzt, dazwischen funkeln, fast nicht sichtbar, kleine Plättchen aus Elfenbein und Perlmutt. Trotzdem schluckt sie das wenige Licht, das durch viermal fünf kleine Fenster hoch oben in den Raum zu dringen versucht. Obwohl seitliche Nischen durch große Fensteröffnungen Blicke nach draußen erlauben, verbietet ihre Vergitterung das Gefühl von Freiheit und gleicher Augenhöhe mit dem Sultan. Beabsichtigt? Die Wände zeigen die Dekorationsvielfalt der Kunst der Nasridenzeit.

Wir gehen unter der *Muqarnas*-Kuppel des *Abencerrajes*-Saales hindurch. Die *Abencerrajes* waren ein Fürstengeschlecht der Mauren. Wenn man senkrecht nach oben schaut, direkt in den achteckigen Stern hinein, wird einem fast schwindelig. Und dann stehen wir etwas enttäuscht im Löwenhof. Der Brunnen ist abgebaut worden, die Löwen müssen repariert werden. Dennoch ist dieser Hof mit seinen schlanken Säulen an den umgebenden Gebäuden und den beiden Pavillons an den schmalen Enden ein Erlebnis.

Gegenüber dem *Abencerrajes*-Saal liegt der ›Saal der zwei Schwestern‹, die *sala des las dos hermanas*, mit einer ebenso aufwendigen Decke. Von der achteckigen Kuppel sollen über 5000 muqarnas herabhängen. Das sind die kleinen Prismenanhänger. Von einem kleinen Aussichtsturm schauen wir in den *Patio de Lindaraja*. Das falsche Gewölbe über uns ist ein durchbrochenes Holzgitter mit farbigen Glasstücken.

Über den *Patio de la Reja*, den Gitterhof, gelangen wir über eine Treppe nach oben und von dort in den *Patio de Lindaraja*, den wir vorher schon von oben gesehen hatten. Dieser Hof mit dem Charakter eines klösterlichen Kreuzganges wurde im 16. Jh. im Auftrag Karls V. angebaut. Wir sind im ›Neubaubereich‹.

Kommt man aus dem *Lindaraja*-Bereich heraus, wird man um vierhundert Jahre zurückversetzt. Wir befinden uns in den Partal-Gärten mit einem breiten Wasserbecken, in dem sich hübsch der *Palacio del Pórtico* spiegelt. Seine Konstruktion wird in die Zeit Mohammeds II. datiert, zwischen 1302 und 1309, und ist dadurch der älteste noch erhaltene Palast der Alhambra. Hinter den fünf Arkaden liegt der so genannte Damenturm, der *Torre de las Damas*. Im offiziellen Führer lesen wir, dass der Bau bis 1891 in Privatbesitz des Deutschen Arthur von Gwinner war. Die hölzerne Gewölbedecke befindet sich im Museum für Islamische Kunst in – Berlin.

Wir fassen Mut und statten dem meiner Meinung wohl hässlichsten Palast der Alhambra einen Besuch ab. Es ist die Monstrosität des Palastes Karls V., ein Renaissance-Bau nach italienischem Vorbild. Der Bau ist quadratisch angelegt mit einem inneren Kreis in Form zweier aufeinander stehender Arkaden. Ein drittes Geschoss war geplant, wurde aber zum Glück nicht ausgeführt. Die Konstruktion wurde aus Steuergeldern der *moriscos* finanziert, Spaniern maurischer Herkunft. Als die 1568 rebellierten, musste der Bau abgebrochen werden und stand ohne Dach bis ins Jahr 1923. Die Architektur ist originell und interessant, aber bitte nicht hier!

Durch die *Puerta del Vino*, das Tor des Weines, gelangen wir in die Alcazaba, in die Zitadelle, die sich westlich an die Palast-

Zone anschließt, aber von ihr abgesondert ist. Wir erklimmen den *Torre de la Vela*, den Wachturm, mit den vier Flaggen, von Europa, Spanien, Andalusien und der Stadt Granada, die fast so aussieht wie die portugiesische, rot-grün mit Wappen in der Mitte. Von hier oben haben wir einen guten Blick über die *Plaza de Armas*, den Waffenhof mit den drei begrenzenden Türmen *Torre del Aduargero*, *Torre Quebrada* und *Torre del Homenaje*. Dreht man sich in die entgegengesetzte Richtung, bietet sich ein herrlicher Ausblick auf Granada, besonders die Viertel *Albayzín* gleich unterhalb der Mauern und *Sacromonte* dahinter. Links davon thront breit und mächtig die Kathedrale, und noch weiter links grüßen die *Paseos* am *Río Genil* herauf. Vollendet man den Schwenk, sieht man zwischen den Türmen die Gebäude des *Generalife*. Im Hintergrund erhebt sich die Sierra Nevada in den diesigen Nachmittag, Spaniens höchstes Gebirge, 3482 Meter. Von November bis Mai trägt sie Schnee, was ihr den Namen gibt. Das Schmelzwasser versorgt die *vega* von Granda.

Wir verlassen die Alhambra durch die *Puerta de la Justicia*, das Tor der Gerechtigkeit mit dem reich geschmückten Wandbrunnen Karls V. Die Busse in die Stadt sind überfüllt, unsere müden Füße müssen uns noch ein wenig tragen. Durch einen Wald und durch das mit Polsterquadern errichtete Granatapfel-Tor aus dem Jahr 1536 geht es wie durch einen Triumphbogen die *Cuesta de Gómez* hinunter. Links und rechts finden sich die üblichen Läden für Touristen mit den üblichen Mitbringseln für Tante Lisa und Onkel Karl. Drei von vier Gitarrenbauer-Werkstätten scheinen geschlossen zu sein, beurteilt man den Staub auf Türgriffen und an den geschlossenen Fensterläden nach seiner Unversehrtheit und Dicke. Eine Folge der Globalisierung? An der Plaza Nueva strecken wir die Beine unter den Tisch eines Straßencafés und genehmigen uns einen gekühlten Fino. Wir denken darüber nach, was den Namen Alhambra so geheimnisvoll und exotisch klingen lässt, dass man ihn für Hotels auf der ganzen Welt benutzt, das Cineplex Alhambra in Berlin, für einen Großraum-Pkw von Seat, für ein

Brettspiel, das 2003 mit dem Titel ›Spiel des Jahres‹ ausgezeichnet wurde, für ein alternatives Aktions- und Kommunikationszentrum in Oldenburg oder ein Restaurant in München.

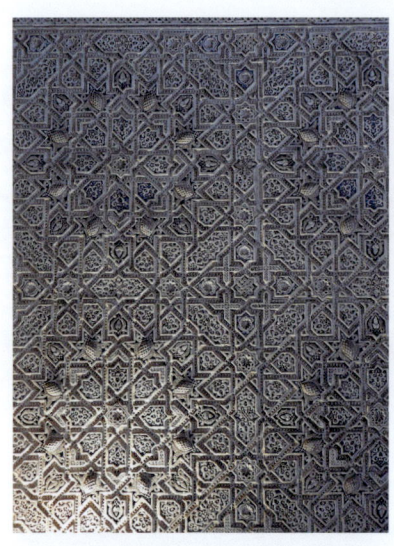

Das Jahr1492

Am Tag nach Neujahr Anno Domini 1492 übernahmen Isabel von Kastilien und Ferdinand II. von Aragón nach elf Jahren Krieg, Belagerungen, Intrigen, Kindsraub und Betrug die Herrschaft über das Sultanat der Nasriden in Granda. Al-Adalus ist Geschichte. Das letzte maurische, theokratische Reich auf der iberischen Halbinsel, in der der regierende Fürst sowohl die religiöse als auch die weltliche Macht innehatte, hörte auf zu bestehen. In einem Dorf außerhalb Granadas fand die vorher vereinbarte Zeremonie statt, in deren Verlauf Abu Abd'allah Muhammad Ibn Saad Ibn Nasr, der unterlegene Nasridenkönig, den allerkatholischsten Majestäten die Schlüssel zur Stadt überreichte.

Der junge Sultan wurde in der Alhambra geboren. Sein Vater und Vorgänger auf dem Thron war Abu 'Abd Allāh, was sich etwa wie 'Bu Abdil-lah aussprach. Das vereinfachten die Spanier in ihrem lokalen Dialekt zu Boabdil mit dem Zusatz ›el viejo‹ für den Vater und Boabdil el chico für den jungen König. Sein offizieller Herrschername war Muhammad XII. Die Bevölkerung Granadas verhöhnte ihn heimlich und mitfühlend. Spöttisch nannten sie ihn »der Unglückliche«, al-zogoybi. Er hatte nicht das Zeug zum strengen Sultan, der er in seiner Zeit besser hätte sein sollen. Er war ein Schöngeist, ein Denker, ein Philosoph. Er verabscheute Gewalt und Hinterhältigkeit. Nicht einmal den Machenschaften und Intrigen der führenden Familien Granadas war er gewachsen. Er hatte das Heft nicht in der Hand.

Dies kam Ferdinand II. zu Ohren, und er nutzte sein Wissen machiavellinisch und skrupellos aus. Schlussendlich trieb er den jungen Maurenkönig in die Enge, die Kapitulation war besiegelt. Mit scheinbar humanen und uneigennützigen Zusagen zwang Ferdinand dem jungen Mauren die besagte Vereinbarung auf, um die Rückeroberung des Königreiches Granada endlich zuwege zu bringen und die zur erwartenden Lorbeeren zu kassieren.

Für Boabdil bedeutete all dies das Ende seiner Regentschaft und den Untergang der Mauren auf der iberischen Halbinsel. Es war eine Tatsache, gegen die er sich innerlich nicht mehr auflehnte. Er hatte sie vorausgesehen und hielt sie für die Vorsehung Allahs. Es war ihm nicht gelungen, die innere Zerrissenheit der politischen Kräfte zu beseitigen und die Kräfte zu einen, weil Allah dies offensichtlich nicht wollte. Zuletzt stand Granada mit dem Rücken zur Wand. Boabdil hatte den beharrlichen, ausdauernden, hoch motivierten und gut gerüsteten Christen nichts entgegenzusetzen. Am Ende blieb ihm noch die edle menschliche Pflicht, unnötiges Blutvergießen möglichst zu vermeiden.

Die Zeremonie fand, den Berichten zufolge, bei Otura statt, einem Dorf auf einer Passhöhe außerhalb Granadas, der einen letzten Blick auf die Alhambra erlaubt. Alle waren anwesend, die Rang und Namen hatten. Unter den zahlreichen Würdenträgern im Festornat befand sich auch ein eher unauffällig, fast nachlässig gekleideter Besucher. Er besaß keinen Rang, den er durch teure Kleidung zum Ausdruck bringen konnte, sehr wahrscheinlich kratzte er hart an der persönlichen Insolvenz entlang. Doch dafür war dieser V.I.P. umso wortgewandterer und strahlte ausgeprägtes Sendungsbewusstsein aus. Er war ein Genueser Seefahrer mit einer kühnen Vision. Seine nicht immer unumstrittenen geografischen Erkenntnisse verhießen den kostengünstigen, maritimen Zugang zu exotischen Märkten und versprachen ungeahnte Profite. Dieser Mann war auf der Suche nach Sponsoren für eine Expedition zur Erforschung eines kürzeren Seeweges nach Indien, der nicht um den afrikanischen Kontinent herum führte, sondern auf direktem Kurs nach Westen. Der Mann hatte sich schon anderen Herrschern angedient und dabei mehrere Namen benutzt. Hier in Spanien nannte er sich *Cristófero Colón*. Er beabsichtigte, die Gunst der Stunde zu nutzen und Isabel I. von Kastilien für seine Pläne zu gewinnen.

Als *Boabdil*, der Glücklose, die Alhambra durch eine winzig kleine Tür in der Außenmauer verlassen hatte, lautete sein letzter Befehl, diese Tür unverzüglich zuzumauern. Nie wieder sollte ein Mensch nach ihm durch diese Tür die Alhambra betreten oder verlassen. Sie ist bis heute verschlossen. Er lebte noch bis 1494 in den Alpujarras, wo man ihm ein Landgut zugewiesen hatte. Dann verließ er Spanien und lebte vierzig Jahre im Schutz des Sultans von Marokko in Fès, wo er im Kampf für eine fremde Sache den Tod fand. Die Stelle der Schlüsselübergabe nahe Oturo wird heute *suspiro del moro* genannt, Seufzer des Mauren, weil er im Moment des endgültigen Verlustes seiner Alhambra einen tiefen Seufzer ausgestoßen haben soll.

Papst Innozenz VIII., der als junger Mann nach seinem Studium am Hof von Aragón gelebt hatte, erfüllte das Versprechen des Heiligen Stuhls, und Isabel und Ferdinand durften sich ob der zwar trickreichen, gewaltsamen, kriegerischen, aber nach vielen Jahren endlich erfolgreichen Rückeroberung Spaniens und der Hinführung seiner Schäfchen zur *Santísima Iglesia Católica* fortan »Katholische Majestäten« nennen.

Das Geschehen vom 2. Januar 1492 war kein unerwartetes, losgelöstes Ereignis, sondern vielmehr der Wendepunkt in einem langen Prozess, der bereits zu Beginn des 8. Jh. - wenige Jahrzehnte nach der Unterwerfung fast ganz Spaniens durch die Mauren - begann. Der Prozess war jedoch mit diesem Tag nicht zu Ende oder abgeschlossen, er sollte noch eine gewaltige Eigendynamik entwickeln.

Es folgte der Wortbruch der kastilisch-aragonesischen Krone in der Frage der Religionsfreiheit, es folgten zahllose erzwungene Konversionen zum Christentum, es folgten Vertreibungen und Ausweisungen. Als erstes fielen der großen Bereinigung die Juden zum Opfer. Etwa 300.000 fliehen noch in diesem Jahr 1492 aus dem Land. Nach dem hebräischen Begriff *sefarad* für Spanien werden sie sich und ihre Nachfahren künftig *sephardim* nennen, die spanischen Juden. Sie werden nach Nordafrika auswandern, in den östlichen Mittelmeerraum, nach Frankreich, in die Türkei, nach Portugal, nach Amsterdam, Bremen und Hamburg, wo sie ihre iberische, aber für Außenstehende doch so arabische anmutende Kultur weiterhin pflegen werden.

Die seit 1481 mit dem Einverständnis Papst Sixtus VI. vom Königspaar ins Leben gerufene ›Heilige Inquisition‹ fährt zur Hochform auf. Die *conversos* sind zwar offiziell Christen, aber man traut ihnen nicht. Also wird von Amts wegen befragt, hinterfragt, inquiriert. Ein Riesenapparat wird geschaffen, die Inquisition. Der prominenteste Chef dieser Kirchenbehörde war der Dominikaner Tomás de Torquemada. Seine steile Karriere begann als Beichtvater des königlichen Ehepaares, eine Dienststellung, die einer gewissen Delikatesse nicht entbehrt. Danach ging es zielstrebig aufwärts:

1478   Inquisitor für Kastilien

1483   erster Großinquisitor für Aragón

später Großinquisitor für Kastilien

1484   Großinquisitor für ganz Spanien

Er selbst soll jüdische Vorfahren gehabt haben, was seinen Übereifer in einem besonderen Licht erscheinen lässt. Er verschärft die Methoden der Befragungen bis hin zur tödlichen Folter. Es soll nicht unerwähnt bleiben, dass im Falle der Überführung eines »Ketzers« dessen gesamtes Vermögen und das seiner Familie eingezogen und unter der Krone und der Kirche aufgeteilt wurden.

Ab 1499 leitete Kardinal Jiménez de Cisneros, der ebenfalls Beichtvater von Isabel war, die durch die Krone angeordnete Missionierung der Mauren. Während eines Besuches in Granada ordnete er – selbst ein studierter Mann – die ersten Verbrennungen von Büchern an. Unersetzbare Werte gehen der Nachwelt verloren. Allerdings ließ er ausgesuchte Werke für sich beiseite schaffen.

Nach vielen Hunderten von Jahren der Teilung und der Fremdherrschaft durch Römer, Goten und Mauren war Spanien vereint und hatte endlich Könige aus eigenen Stammlinien. Grund zur Freude und Genugtuung? Nicht lange. Die katholischen Majestäten erlagen der österreichischen Heiratspolitik und gaben ihre Tochter Johanna, *Juana la loca*, »Johanna die Wahnsinnige«, dem Habsburger Philipp »dem Schönen« zur Gemahlin. Das gerade entstandene, endlich selbständige, spanische Reich war wieder unter ausländischer Kontrolle. Ein Habsburg heiratete die Erbin von Aragón und Kastilien.

Bella gerant alii, tu felix Austria nube! (Nam quae Mars aliis, dat tibi regna Venus.) Kriege mögen andere führen! Du, glückliches Österreich, heirate! (Denn Reiche, die anderen Mars gibt, gibt dir Venus.) Mit dieser berühmt gewordenen Maxime des Habsburgers Maximilians I. (Kaiser des Heiligen Römischen Reiches Deutscher Nation 1508-1519) kann sich sein Haus als Großmacht aufstellen. Dieser Leitsatz und dynastische Glücksfälle für die Familie fördern die zügige Ausdehnung der habsburgischen Lande zu einem weltumspannenden Reich, einem Global Player.

Doch unter den neuen Herrschern findet das Land nicht wieder zurück zu Toleranz und Liberalität der maurischen Zeit. Im Gegenteil, die Lage der Andersgläubigen wird sich allmählich weiter verschärfen. Karl V. verbietet in einem Edikt von 1525 den islamischen Glauben, die traditionellen arabische Gebräuche und Lebensweisen sowie die arabische Sprache. Kastilisch wird zur Pflichtsprache. Während der Regentschaft Philipps II. kommt es 1570 zur Alpujarras-Rebellion und ihrer blutigen Niederschlagung, bei der sich der Oberbefehlshaber *Juan de Austria*, Johann von Österreich, durch besondere Erbarmungslosigkeit einen Namen macht. Karl V. gab erst in seinem Testament preis, dass dieser sein unehelicher Sohn mit der Regensburger Bürgerstochter Barbara Blomberg ist. Die weit über 100.000 übrig gebliebenen moriscos werden zwangsumgesiedelt und über das ganze Land verteilt.

Spanien war zwangsbefriedet. Die Burgen und Festungen überwucherten, die maurischen Paläste verfielen. Trotzdem will sich die erwartete Prosperität so recht nicht einstellen, denn vielerorts können die neuen Bauern mit den Bewässerungsanlagen der Mauren nicht umgehen, die Bevölkerung verringerte sich drastisch. Die wissenschaftliche Elite hat bis auf katholische Theologen das Land zum großen Teil verlassen, durch die reconquista sind die Staatskassen strapaziert, ohne die jüdischen und arabischen Finanziers und Händler und deren Verbindungen und Kontakte stagnierte das Wirtschaftsleben, obwohl für eine Zeitlang immense Schätze aus den eroberten Kolonien Amerikas herangeschafft werden. Das Gesicht Spaniens hat sich verändert.

Was ist aber im Innern Spaniens geblieben, und was hat die maurische Herrschaft dem Rest Europas hinterlassen?

In seiner wechselvollen Geschichte wurde Hispania unter der Herrschaft Roms erstmals als eine Einheit gesehen. Römisches Recht, römische Verwaltung und römische Baukunst waren die Basis für die nachfolgenden Besetzer. Von den Goten (*visigodos*) blieben nur minimale Spuren. Erst die Mauren brachten in Spanien wieder eine Hochkultur hervor, die durch Wissenschaft, Kunst, Philosophie, Literatur, Architektur und ethnische Durchmischung bis in unsere Zeit wirkt.

Mit Blick auf die Religion trugen die Westgoten zur Verbreitung des Christentums bei, denn sie hatten schon während ihres Aufenthalts in Rom sporadischen Kontakt zu Christen und brachten diesen neuen Glauben mit. Dies geschah bereits im 3. Jh. Da sich aber die Kirche vor Kaiser Konstantin eher ›von unten herauf‹ entwickelte, galt sie manchen noch nicht bekehrten Oberen als feindlich und subversiv, also verdächtig. Unter heidnisch-germanischen Fürsten kam es deshalb gelegentlich zu grausamen Ausschreitungen gegen die frühen Christen. Dennoch muss sich der neue Glaube bei der Mehrheit der Bevölkerung noch vor der Ankunft der Mauren solide gefestigt haben. Eine wirkliche Chance hatte die abrahamitische Bruderreligion des Islam bei den Spaniern nie. Daher erscheint die maurische Politik der *convivéncia*, des Zusammenlebens unterschiedlicher Religionen im selben Staat, nicht nur nützlich, sondern weitsichtig und fortschrittlich. Die maurischen Herrscher bestimmten keine Staatsreligion, die sie ihren Bürgern aufzwang. Wie anregend!

Die weit ältere, jüdische Religion konkurrierte (im Sinne von *lat.* con-currere) mit zwei sehr jungen Kolleginnen: mit der unter Konstantin im Jahr 326 per Edikt etablierten christlichen Religion und der auf die Auswanderung Mohammeds von Mekka nach Medina auf das Jahr 622 datierten islamischen Religion.

Schwierig muss wohl das Umrechnen von kalendarischen Ereignissen wie Neujahr, Festtage und die jeweilige Länge des Jahres gewesen sein. Als Tariq ibn Ziyad an der ehemaligen Säule des Herakles, dem späteren Affenfelsen, landete, schrieben die Christen das Jahr 711, die Juden das Jahr 4472 und die Araber das Jahr 89. Alle drei Kalender orientieren sich bis heute an Sonne *und* Mond, was bedeutete, dass sich die religiösen Feiertage ständig verschoben. Wir kennen das von unserem heute gültigen, gregorianischen Kalender, aber das alles multipliziert mit drei!

Faktisch war Spanien in dieser Zeit der erste multikulturelle, multiethnische Staat auf europäischem Boden. Für eine kurze Zeit erlebten die Menschen eine noch nicht gekannte Liberalität und Offenheit für das Erbe der Antike, aber auch für Erkenntnisse der heraufdämmernden Neuzeit. Die Araber hatten in kürzester Zeit ein Reich erobert, das sich vom Indus bis zum Atlantik dehnte.

So geriet Europa in den Genuss der indischen Rechenkunst, die das widerspenstige römische System ablöste. Die Araber übernahmen es und reichten es uns weiter. Logisch und richtig baut sich eine Zahl von »unten« auf, von den Einern über die Zehner, Hunderter und so weiter, wie wir es beim Addieren lernten. Zwei plus sechs plus sieben sind fünf, merke eins. Araber schreiben von rechts nach links, ergo steht die fünf rechts und die eins links, macht fünfzehn. Will sagen, wir schreiben von links nach rechts, nur nicht die Zahlen. Unlogisch, oder?

Ebenso kamen neue Erkenntnisse der Astronomie zu uns. (Nicht zu schweigen von der Astrologie, die ja auch im Orient zuhause ist.) Messinstrumente zur Standortbestimmung wie das Astrolabium und der Kompass zur Bestimmung eines Standortes wurden uns von der Arabern hinterlassen, zumindest in ihrer verfeinerten Form. Ohne dieses Wissen wäre unser Großmaul Kolumbus vielleicht doch noch von der Erdscheibe gefallen und nie in (West-) Indien gelandet.

Was an Spanien – und besonders an Andalusien – fasziniert, ist seine Stellung als Scharnier zwischen Europa und Afrika, dem Abend- und dem Morgenland, Atlantik und Pazifik, Mystik und Akribie, Judentum, Islam und Christentum. Wie von einem unsichtbaren Magneten angezogen, landet man immer wieder bei der arabischen Epoche, die für Andalusien 781 Jahre dauerte, von 711 bis 1492, und immer noch ihren langen Schatten wirft. Dank sei Gott, oder Allah oder Jahwe oder Jupiter.

Die Flaggen Granadas, Spaniens, Andalusiens und Europas knattern im Wind über der Steintafel in der Mauer, die das große Flachdach der Torre de la Vela umfasst, hoch über Granada. Die Inschrift berichtet von der Ergriffenheit der Teilnehmer am Festakt der Übergabe der Schlüssel am 2. Januar 1492.

Nachwort

Andalusiens Oberfläche ist ungefähr ein Viertel größer als die Bayerns, seine Bevölkerung mehr als ein Viertel kleiner. Die Haupterwerbsquellen sind die Landwirtschaft und der Tourismus. Das Pro-Kopf BIP Andalusiens liegt bei 75% des Landesmittels. Die Arbeitslosigkeit ist höher als im übrigen Spanien und wird mit unter dreißig Prozent angegeben, was jedoch wegen der häufigen Teilzeitarbeit unter den Landarbeitern nur schwer einzuordnen ist. Als autonome Region des Königreichs Spaniens ist Andalusien in die große europäische Gemeinschaft eingebettet.

Ein großes Problem ist die illegale Zuwanderung aus dem Maghreb und Afrika. Durch ihre exponierte geografische Lage ist die iberische Halbinsel Ziel von Wirtschaftsflüchtlingen geworden. Pikanterweise sind die in der Regel Muslime, und deshalb werden auch wieder Moscheen gebaut. Doch mit der Integration tun sich die Spanier schwer, noch schwerer als wir Deutschen. Der Führer des De-Falla-Museums, ein eher intellektueller Typ, gab zu, dass er die Deutschen wegen ihrer Integrationserfolge beneide. Solch Kompliment nimmt man am besten mit einem stillen Nicken zur Kenntnis. Man könnte es womöglich zerreden.

Ich erinnere mich gehört oder gelesen zu haben, dass ein islamischer Eiferer in den Bergen von Afghanistan davon träumte, dass sich die arabische Welt »ihr« al-Andalus wiederholen müsse, »ihr verlorenes Paradies auf Erden«. Na ja, mit diesen armen Teufeln, die sich zum Orangenpflücken verdingen, um gerade mal zu überleben, wird das wohl nichts. Aber war es überhaupt ein Paradies? Herrschte damals die viel zitierte geistige und geistliche Toleranz, geprägt von gegenseitiger Achtung und dem gemeinsamen Streben nach höherem Wissen? Oder wurde von einigen wenigen Romantikern des neunzehnten Jahrhunderts leichtfertig ein Mythos verbreitet?

Beginnen wir mit der Religionsfreiheit. In keiner Quelle habe ich Hinweise darauf gefunden, dass es in al-Andalus erzwungene Bekehrungen zum Islam gegeben hat. Die waren weder nötig, noch erwünscht, alle Nichtmuslime zahlten nämlich eine Kopfsteuer. Der erzwungene Übertritt zum Islam wäre dadurch einer von oben angeordneten Steuerbefreiung gleichgekommen, was sicher nicht im Sinne des Fiskus gewesen sein kann.

Sozialer Aufstieg war für Muslime wahrscheinlich einfacher. Höhere, gut dotierte Posten in der Verwaltung des jeweiligen Sultanats waren selbstverständlich nur Muslimen zugänglich. Wer also weiterkommen wollte, trat aus verständlichen Gründen der Karriereförderung wegen zum Islam über. Freiwillig.

Der Islam ist eine Buchreligion, und das Wort Gottes ist im Qur'an niedergeschrieben. Außerdem gelten in diesem heiligen Buch die Juden und Christen als Anhänger einer »verwandten« Buchreligion und sind daher nicht *a priori* religionslos. Immerhin wurde Mohammed das Wort Gottes durch Erzengel Gabriel offenbart und der Qur'an berichtet von Propheten wie Adam, Abraham, Moses, Noah und Jesus, was eindeutig eine billigende Beziehung des Islam zu Judentum und Christentum voraussetzt. So oder so haben die drei abrahamitischen Religionen auch geografisch eine gemeinsame Heimat, nämlich den Raum Ägypten, Arabien, Palästina und Mesopotamien. Auch aus diesen Gründen ergibt sich keine Veranlassung zu erzwungenen Konversionen.

Soweit zur geistlichen Rücksicht. Wenn wir nun von geistiger Toleranz sprechen, müssen wir sofort die Frage stellen, welche Wissensschätze die Araber dann nach Nordafrika und auf die iberische Halbinsel mitbrachten. Viel war das nicht, denn sie waren in ihrer Heimat im Norden der arabischen Halbinsel Beduinen gewesen, also relativ ungebildete Nomaden. Sie waren eng mit der Natur verbunden und daher gewohnt, sie genau zu beobachten. Das erklärt ihre Neigung zur Astronomie.

Sie waren vertraut mit den Handelswegen zwischen dem Mittelmeer, Indien und China und werden sich kräftig am Handel mit Weihrauch, Seide, Salz, Schmuck etc. beteiligt haben. Das erklärt ihre Neigung zur Mathematik.

An der Westküste der arabischen Halbinsel fand bereits im Jahrhundert vor dem Propheten Mohammed reger Seeverkehr statt, dort bildeten sich wichtige Handelshäfen. Auch Mekka gehörte dazu. Das erklärt ihre Neigung zur Nautik.

Zum Wesen des Nomaden, des Beduinen, gehört eine tief verwurzelte, großherzige, selbstverständliche Gastfreundschaft. Sie ist das Gegengewicht zu Einsamkeit und Notlagen in der rauen Umgebung einer Halbwüste, wie sie die arabische Halbinsel ist. Man teilt was man hat, denn irgendwann kann man selbst in Not geraten und die Hilfe der anderen brauchen. Man genießt die Stunden in der Stille der klaren Nacht am wärmenden Feuer und tauscht Nachrichten, Neuigkeiten und Hinweise auf Gefahren aus. Das erklärt ihre Neigung zum Geschichtenerzählen wie zum Vortrag von Versen und Gedichten und zur Musik.

Man achtet das Wissen des Gastes und möchte es mit ihm teilen, als Gegenleistung für Beköstigung, Schutz und Ruhelager. Im sicher nicht sehr abwechslungsreichen Dasein der stetig umher ziehenden Sippen kultivieren die Nomaden auf diese Weise eine besondere Lebensart, die von Freiheit und Unabhängigkeit geprägt ist. Hieraus erklärt sich das außergewöhnliche Gefühl der eigenen Überlegenheit über alle anders lebenden Menschen, ein Stolz, der leicht für Arroganz gehalten werden kann.

Doch ihr Dasein war nicht so idyllisch, wie es klingen mag. Das schroffe Klima, regelmäßige Sandstürme und die dauernde Suche nach Wasser für sie selbst und ihre Last- und Haustiere wurden überschattet durch die Leidenschaft zur *ghazwa*. Das sind überraschende kleine Raubzüge, bei denen verfeindete Sippen den günstigen Moment abpassten, um sich gegenseitig zu überfallen und sich an Hab und Gut zu bedienen der anderen. Es kam dabei kaum jemand körperlich zu Schaden, aber es hielt die ewige Feindschaft wach und lebendig. Eine gute Voraussetzungen zur Erlangung höherer Bildung waren diese Umstände wahrlich nicht.

Diese archaische Lebensform wurde begünstigt durch die Anbetung eigener, persönlicher Götzen, die wiederum mit denen der verfehdeten Sippen über Kreuz lagen. Dies änderte sich ziemlich rasch, als die Vielgötterei durch den Islam abgelöst wurde. Bei der Verbreitung des Islam unter den Beduinen machte sich Mohammed sich Unwesen der *ghazwa* zunutze. Wenn sich eine Sippe zum Islam bekannte, wurde sie in den Schutzbund der anderen bekehrten Sippen aufgenommen und konnte sich fortan im Verbund besser zur Wehr setzen. So bot sich der Islam im Gegensatz zum Polytheismus als eine Friedensreligion an. Eine viel verträglichere Phase begann im Leben der Menschen in der Halbwüste.

Trotzdem entwickelt sich der Islam eher zu einer städtischen Religion als zu einer ländlichen. Während der Qur'an Lebenshilfen und Regeln für viele Bereiche anbietet, zollt er der Landwirtschaft kaum Beachtung. Als nach dem Tode Mohammeds der anfängliche Enthusiasmus stark nachließ und die neue Lehre vorübergehend wackelte, suchten die religiösen und weltlichen Führer neue Felder der Betätigung außerhalb der arabischen Halbinsel. Die Schwäche der großen Reiche Persien und Byzanz schürte die Lust auf den Beweis der eigenen Stärke und Überlegenheit, und auf Expansion.

Man tut den nun vom Indus bis zum Atlantik ausgreifenden Reiterscharen kein Unrecht, wenn man sie nicht unbedingt für eine Hochkultur hält. Viele von ihnen waren nicht einmal des Schreibens mächtig, was angeblich auch auf Mohammed zutraf. Was die Araber auszeichnete, war Wissensdurst, die praktische Fähigkeit vorhandenes für sich einzuspannen und in kurzer Zeit eine Lebensart zu entfalten, die im »Gastland« rasch Nachahmer fand, vom Roten Meer bis zum Atlasgebirge.

Was sie nach ihren langen Ritten durch teils unwirtliche Landschaften Nordafrikas auf der iberischen Halbinsel vorfanden, muss sie angenehm überrascht haben: Hier fanden sie erfahrene Bauern auf fruchtbaren Böden, Wasser zur Genüge, ein mildes mediterranes Klima und aus der Römerzeit ausgebaute Wege und Straßen, Wasserleitungen und Aquädukte sowie funktionierende Verwaltungsstrukturen vor. Sie mussten nur die fremde Herrschaft der Westgoten durch ihre eigene austauschen. Der arabische Wesir und sein berberischer Befehlshaber setzten sich praktisch an den gedeckten Tisch. Ich nehme an, sie ahnten das zumindest, bevor sie beschlossen, kühn mit tausenden Soldaten in kleinen Schiffen und Booten die Meerenge zu überqueren. Ich nehme auch an, dass sie sich davor sicher wähnten, wegen ihres Ungehorsams gegenüber der Anordnung des Kalifen al-Walid I., den Islam nicht über das Meer zu tragen, je bestraft zu werden. Damaskus war weit, und der Braten roch allzu verführerisch. Doch wir wissen, sie haben die Früchte ihres Wagemuts nie genießen dürfen.

Während ihre beiden Führer nicht wieder auf die Halbinsel zurückkehrten, setzten sich ihre Anhänger im neu eroberten Land fest und bauten an ihrem bescheidenen Wohlstand. Im Laufe der Zeit besannen sie und ihre Nachkommen sich wieder ihrer alten Neigungen zu Astronomie, Nautik, Mathematik und den schönen Künsten. Und nun nahm ein kleines Wunder seinen Lauf. Die ehemaligen, wenig gebildeten Wüstensöhne versammelten kluge Leute um sich und förderten auf diese Weise das gemeinsame Wissen und ihre eigene Bildung.

In al-Andalus entstanden große Städte mit über die Grenzen des Landes hinaus bedeutenden Kulturzentren. In Córdoba, das mit Konstantinopel und Bagdad auf einer Stufe stand, nahm Abd al-Rahman II. den Titel eines Kalifen an. Er kontrollierte fast die gesamte Halbinsel. Kastilien, León und die Grafschaft Barcelona blieben zwar selbständig, erkannten jedoch die Oberherrschaft der Umayyaden an und zahlten Tribut.

Ab dem Jahr 1009 begann der Niedergang. Unter schwachen Herrschern zerbröselte ihre Macht, und die Zwietracht zwischen Arabern und Berbern brach wieder auf. Welche Chronik berichtet vom Leid der Bevölkerung in den umstrittenen Gebieten und zwischen den unklaren Fronten, die hin- und herwaberten? Wer erzählt von Raubzügen, verlorenen Ernten, entführten Frauen und verbrannten Häusern? Sie bleiben die vielen namenlosen Opfer, die man beim Anblick so anmutiger Architektur wie der Alhambra nur zu leicht vergisst.

Die Christen hatten sich mittlerweile zusammengerauft und entwickelten die Vision eines Landes ohne die Herrschaft fremder Menschen eines anderen Glaubens über katholische Spanier. Das war die eine Seite des Zieles, borniert, intolerant und fanatisch. Die andere Seite war, dass Spanier künftig von Spaniern regiert werden sollten. Das war schon eher zu verstehen und wurde zum religiös verbrämten Ziel simpler Machtpolitik verklärt.

Die Mauren hatten dem nichts Vergleichbares entgegen zu setzen und gerieten zwangsläufig in die Defensive. Wie sah es denn im Sultanat Granada aus? Trotz weniger Überschneidungen an den Rändern der gesellschaftlichen Schichten lebten die Mauren und die Spanier parallel nebeneinander her. Je nach Begabung und beruflicher Notwendigkeit oder Opportunität hat man miteinander kommuniziert, doch die Kulturen blieben getrennt. Allenfalls wurden ein paar angenehme Aspekte der »anderen Seite« imitiert oder übernommen, doch integriert hat man sich gegenseitig nie. So wurde schließlich die lange Fremdherrschaft der Mauren, der »Braunhäutigen« aus Arabien und Marokko, ausradiert. Und wir bewundern heute die stummen Zeugen einer geheimnisvollen Zeit.

Das »Modell Alhambra« ist gescheitert. Auch die Tatsache, dass sich die Usurpatoren achthundert Jahre in fremdem Land haben halten können, schwächt das Scheitern nicht ab. Am Ende wurden sie mit Schimpf und Schande, quasi durch die Hintertür ihres Palastes, fortgejagt. Die Fremdherrschaft war vorbei. Dass die nachfolgende Herrschaft keine unmittelbare Verbesserung war, ist ein anderes Thema.

Wir bewundern die Baumeister, Künstler und Handwerker, die die unnachahmlichen Bauten geschaffen haben. Wir verneigen uns vor den Mathematikern, Ärzten, Philosophen, Naturforschern, Dichtern und Musikern, die dem kulturellen Erbe der Menschheit in Europa und anderswo so vieles hinzugefügt haben. Es wäre kurzsichtig, den Islam und die rasante arabische Expansion einzig als Bedrohung anzusehen. Das europäische Mittelalter wäre ohne die Präsenz der Araber auf der iberischen Halbinsel wahrscheinlich anders verlaufen!

Europa hat gelernt, dass weder Feudalismus noch Theokratie (sehr viel später kamen noch Sozialismus und Nationalismus hinzu) Zukunftsmodelle sind. Europa hat sich teure und blutige Experimente geleistet, hierin unterscheidet es sich vom vorderen Orient. Europa hat nicht nur zugelassen, sondern gefördert, dass seine Bürger wissender und mündiger wurden. Die große Errungenschaft der Säkularisierung kann gar nicht hoch genug gepriesen werden.

Wenn man vereinfachend davon ausgeht, dass mit dem Ende des Mittelalters die Ausgangsbasis für den Okzident und den Orient in etwa gleich waren, und die Entwicklung der beiden bis heute miteinander vergleicht, drängt sich die Frage auf, welche Zukunftsaussichten haben junge Generationen im Orient? Es bedarf nur der Aufzählung von Regionen wie Irak, Libanon, Gaza, Iran, Kurdistan und Syrien, um nur einige zu nennen und um nicht weiter in den Osten abzugleiten wie Pakistan, Afghanistan & Co.

Die Araber haben uns Europäern viel gegeben, ohne sich zu assimilieren. Was können wir Europäer zurückgeben, ohne uns vereinnahmen zu lassen?

Vielleicht ist dies die eigentliche Botschaft Andalusiens.

Fotos:

Glossar

abanico	Fächer
Abi Amir al-Mansur	978-1002 Herrscher von Córdoba
Abd al-Rahman III.	*912 +961, 1. Kalif von Córdoba
aficionado	Fan
al-Andalus	maurisch beherrschtes Gebiet
alcazaba	Festung
alcázar	Palast
al-Fihrí	711-756 1. Wesir von Andalusien
Al-Hakam II.	*915 +976, 2. Kalif von Córdoba
Almadraba	antike Art des Thunfangs
Almohaden	Berber-Dynastie
Almoraviden	Berber-Dynastie
al-Mutamid	*1040 +1095, Taifa-König
Al-Walid I.	Kalif Damaskus, 668-715
Andalucía	autonome Region, Kgr. Spanien
Aragón	Kgr. NW Spaniens
Archivo de Indias	Zentralarchiv der span. Kolonien
artesonado	kunstvolle Holzdecke
asabica	Felsensporn
autopista	Schnellstraße, Autobahn
ayuntamiento	Stadtverwaltung, Rathaus
azulejos	Wandfliesen
Balneario La Caleta	Badekurort, Seebad
Baños Árabes	arabische Bäder, Thermen
Banu Birzal	ein Taifa-König
Blas Infante	Verfechter andalus. Autonomie
cante	Liedform des Flamenco
carmen	elegantes geschlossenes Stadthaus
Casa de Contratación	Kolonialbehörde der Krone
castañuela	Kastagnette
Chorizo	grobe Wurst mit Paprika
converso	Konvertit

Convivéncia	friedliches Zusammenleben
Corduba	das römische Córdoba
Cornu	römisches Horn (Musikinstrument)
coracha terrestre	befestigter Wehrgang
Costa del Sol	Sonneküste, Mittelmeer
Costa de la Luz	Küste des Lichts, Atlantik
Crónica de las hazañas	Heldenchronik
de los emires cordobeses	der cordobesischen Emire
Darabukka	bespannte Trommel
djebel al-Tarik	Berg des Tarik, Gibraltar
Espada	Degen der Matadore
Flamenco	Musikform der *gitanos*
Gadir, Gades	phönizisch gegründetes Cádiz
ghaita	Doppelrohrflöte
ghazwa	Raubzug, Überfall
Gibralfaro	Berg mit Leuchtturm
gitano	spanischer Zigeuner
Global Player	international verflochten
Granadino	Einwohner Granadas
Hischam II.	*966 +1013, 3. Kalif von Córdoba
Hischam III.	+1036, letzter Kalif von Córdoba
Hydraulis	wassergetriebene Orgel v. *Ktesibios*
Ifriqiya	arab. Bez. der röm. Provinz Africa
Ilbira	Stadtgründg. nahe Granada
Jamón Serrano	in Bergluft getrockneter Schinken
Kikuyu	afrikanische Graspflanze
Kithara	Vorläufer der Gitarre
Ktesibios	griech. Erfinder der Orgel
Kymbala	röm. kleine Pauke
La Línea de la Concepción	Grenzort zu Gibraltar
Makaka	Berberaffe (macaca sylvanus)
maravedí	Goldmünze 3,8 Gramm (Almoraviden)
matador	Stierkämpfer
Medinat al-Zahra	Palaststadt, erbaut von al-Rahman III.

mejillones	Miesmuscheln
Mezquita	Moschee
mirador	Aussichtspunkt
moriscos	Mauren nach der reconquista
moro, maurus	Maure, braunhäutiger Mensch
Mozaraber	Christen unter Arabern in *al-Andalus*
Mudéjar	Muslim unter christlicher Herrschaft
muleta	rotes Tuch (Stierkampf)
Musa ibn Nusayra al-Bakri	*640, Wesir von *Ifriqiya*
museo taurino	Stierkampfmuseum
Nasriden	marokkanische Dynastie der Nasr
palmas	rhythm. Handklappen, Flamenco
patio	Innenhof span. Stadthäuser
Plaza de Armas	lit. Waffenplatz, Hauptplatz
Plaza de Toros	Stierkampfarena
Psalterion	Vorläufer der Zither
pueblos blancos	weiße Dörfer arabischer Herkunft
Quadrivium	zweiter Teil des antiken Studiums
qaina	arabische Sängerin (Sklavin)
Queso Manchego	Käse aus d. Region La Mancha
Qur'an	Koran
Rebec	Vorläufer der heutigen Violine
reconquista	Rückeroberung (der maur. Gebiete)
Río Guadalete	Fluss, mündet in d. Golf von Cádiz
Río Guadalevín	Fluss, bildet die Schlucht von Ronda
San Lorenzo del Escorial	zeitw. Regierungssitz d. span. Königs
Serranía	Bergregion
Taifa	Klein- und Kleinstkönigreiche
Talgo	leichter Gliederzug, Personenverkehr
Tandja	arabischer Name für Tanger
tapas	kleine Gerichte, Snacks
Tapería	Bar, die Tapas serviert
Tarîf ibn Mâlik	Berber, Eroberer von Tarifa
tienda	Laden, Geschäft

tienda-museo del vino	Weinmuseum mit Verkauf
Toletum	lat. Toledo
toreo	allg. alles um den Stierkampf
Trivium	erster Teil des antiken Studiums
Tubus	gerades, trichterförmiges Blasinstrum.
tuna	Thunfisch
Tympanon	Handtrommel
ud	*la ud,* arabische Laute
Umayyaden	Kalifendynastie in Damaskus
vega	fruchtbare Flussaue
Vulgata	lateinischer Bibeltext
Winner Nation	im Wettstreit erfolgreiche Nation
Witiza	702-710 König der Westgoten
Zapateo	rhythm. Fußstampfen beim Flamenco
Ziryab	pers. Musiker in Córdoba, 789-857

Bibliografie

Volkstümliche Geschichte der Juden	Heinrich Graetz
Erzählungen von der Alhambra	Washington Irving
Die Alhambra und der Generalife	-
Die Palme im Westen	María Rosa Menocal
Allahs Sonne über dem Abendland	Sigrid Hunke
Der Einfluss des Islam auf das europäische Mittelalter	W. M. Watt
Encyclopedia Britannica	-
Meyers Taschenbuchlexikon	-